Hellmuth Frey

Jesus allein oder Jesus und . . .

– Die Annäherung der Konfessionen – nach dem Zweiten Vatikanischen Konzil

Verlag der
St.-Johannis-Druckerei
C. Schweickhardt
Lahr-Dinglingen

Dieses Buch ist eine Veröffentlichung der TELOS-Verlagsgruppe. TELOS-Taschenbücher und TELOS-Paperback-Ausgaben sind »zielbewußt«, wegweisend und biblisch orientiert.
TELOS-Bücher könen Sie unbedenklich weitergeben, sie wurden verantwortlich ausgewählt.

ISBN 3 88002 013 2

TELOS-Taschenbuch Nr. 110

Umschlag: Heinz Giebeler
Gesamtherstellung: St.-Johannis-Druckerei C. Schweickhardt, 763 Lahr-Dinglingen
Printed in Germany · 13621/1974

Inhalt

Zum Geleit

Auf den einmütigen Beschluß der 130 anwesenden Glieder des Westfälischen Arbeitskreises der Bekenntnisbewegung »Kein anderes Evangelium« vom 6. 7. 1974 und in seinem Auftrag werden diese zwei auf seiner Arbeitstagung in Dortmund gehaltenen Vorträge über das Verhältnis der Konfessionen zueinander der Öffentlichkeit übergeben. Sie sind ein Ausschnitt aus unserem langjährigen Ringen um Erkenntnis des Weges Gottes in den Auseinandersetzungen unserer Zeit.

Von jeher hat zwischen den Gläubigen aller Konfessionen Gemeinschaft bestanden, und sie wird weiterbestehen bis zur Wiederkunft des Herrn. Etwas anderes aber ist in unseren Tagen der rapide Fortschritt in der Annäherung der *organisierten* Kirchen zueinander.

Alle Kirchen sollten sich darin einig sein, daß die Grundfrage für unsere Existenz als Kirchen und Gemeinden die Frage nach unserem *Verhältnis zum Herrn der Kirche selber* ist, unser Verhältnis zu Jesus – dem Christus Gottes. Aus ihr erwachsen die anderen Fragen nach unserem Auftrag *an* die Welt und unserem Weg *durch* diese Welt. Im Lichte dieser Grundfrage stellen sich auch die Fragen *nach unserem Verhältnis als Kirchen zueinander,* nach der Möglichkeit *gemeinsamer Ausrichtung unseres Auftrages* und gemeinsamen Weges durch die letzten Trübsale der Ankunft des Herrn entgegen.

Von hier aus behandelt der erste der hier vorgelegten Vorträge die *Entwicklung des Gefälles auf dem Wege der Konfessionen* zueinander und die Gewissensfragen, die sich angesichts dieser Entwicklung erheben.

Der zweite Vortrag stellt die *Grundfrage nach dem Verhältnis der Kirche zum Herrn.*

Wir hatten im ersten Jahrzehnt unserer Geschichte als Bekenntnisbewegung zunächst die Frage nach dem Verhältnis der Kirche zum Herrn *an uns selber* gestellt und uns selber in die Buße führen lassen. Wir prüften Botschaft und Verhalten der eigenen Kirche am Neuen Testament und seiner Auslegung durch die Reformatoren und ließen uns die Abweichung unserer Kirchen von der biblischen Botschaft aufdecken.

In dem Maße aber, wie die *Frage nach dem Zusammenschluß der Konfessionen brennend* geworden ist, stellt sich uns die Aufgabe, die *Position der anderen* neu *zu prüfen,* insbesondere die Grundposition der großen Konfession, mit der wir am engsten im selben Raum zusammenleben, der römisch-katholischen.

Dazu boten sich uns die Beschlüsse zu den grundlegenden Fragen des Glaubens, die auf dem letzten vatikanischen Konzil von den Bischöfen aus aller Welt in Gemeinschaft mit dem Papst erarbeitet wurden – als Grundlage an.

Wir haben zu fragen: Führt der Herr der Geschichte uns heute in eine neue Situation, die neue Entscheidungen verlangt – oder sind wir gegenüber der römischen Kirche in die gleiche Glaubensentscheidung gestellt wie unsere reformatorischen Väter? Auf diese Frage antwortet der zweite Vortrag. Es geht um unser Verhältnis zum Herrn, Jesus Christus![1]

[1] Hier sei auch auf den Vortrag zum gleichen Thema auf dem Bundesarbeitskreis der Bekenntnisbewegung von H. Jochums verwiesen: »Unsere Stellung zur römischen Kirche« (in: Der feste Grund, 1974, H. 5).

Erster Vortrag:

Die Geschichte des bisherigen Kampfes

I. Das Problem

1. Die Lage

Viele unter uns Evangelischen fragen: Ist es nicht Zeit, abzusteigen vom hohen Roß des Bewußtseins, Rom gegenüber das reformatorische Erbe zu verwalten. Sollten wir nicht anfangen, demütig voneinander zu lernen und uns das Auge aufschließen zu lassen für das, was bei den anderen beeindruckend ist: das Einheitsbewußtsein und die Weltenweite; – der Sinn für die Objektivität der kirchlichen Wirklichkeit in Lehre, Tradition, Gottesdienst und Organisation im Gegensatz zu unserem Subjektivismus, der die eigene Überzeugung an die erste Stelle rückt; – das Festhalten der Verbindung mit der oberen Gemeinde der Engel und der Vollendeten sowie der Gliedschaft der einzelnen Gläubigen am mystischen Leibe Christi, der die Welt umspannt; – die Verwurzelung auch der Theologie in Gottesdienst und Kirche bzw. in der Verbindung mit dem mystischen Leibe des Christus; – die Bewahrung der göttlichen Setzung des Amtes und seiner Bedeutung ebenso wie des Geheimnisses der Sakramente und des hierarchischen Aufbaugesetzes der Gemeinde Christi auf Erden; – endlich die reiche Tradition des kirchlichen Lebens in Gottesdienst, Liturgie, Gebet, Meditation und Heiligungswegen.

Wie ärmlich nehmen sich demgegenüber unsere protestantischen Kirchen aus mit ihrer Anbetung der Ratio bzw. mit deren Einsetzung in die Richterrolle über die Offenbarung; – mit ihrem Pochen auf Wissenschaftlichkeit und ihrem abstrakten Lehrbetrieb, mit ihrem oft so sterilen Predigtvortrag als Mitte des Gottesdienstes. Sie stellen sich nicht als eine Lebensgemeinschaft aus dem Worte und der Kraft des Geistes Jesu dar, sondern nehmen sich häufig aus wie eine Schule, in der bloß *über* die Dinge geredet wird, die aber weder Autorität noch Vollmacht besitzt, weil der subjektiven Überzeugung der einzelnen der Primat eingeräumt ist.

Nachdem unsere Glaubensgrundlage zerbrochen, die Heilige Schrift durch unsere theologischen Bemühungen aufgelöst und mit ihr die lebendige Richtkraft der Bekenntnisse hingefallen ist, wäre es doch Zeit, mit der noch intakten Schwesterkirche Verbindung zu suchen. Ich weiß wohl um Kämpfe und Auflösungserscheinungen auch drüben. Aber im Verhältnis zu uns nimmt Rom sich doch noch intakt aus.

Drängt uns nicht auch die *äußere* Lage zueinander: Renaissance, missionarischer Aufbruch und Angriff der Weltreligionen auf das Abendland zugleich mit dem Ansturm des Heeres der charismatischen Bewegungen; – die Ablösung des alten, naiven Rationalismus, Liberalismus und Materialismus durch einen neuen, teilweise atheistischen, teilweise religiös, ja, christlich frisierten, fanatischen Glauben an die Weltveränderung vom Menschen her. Das Antichristentum ist damit in Sicht getreten; – die zunehmende Dämonisierung in den Lebens- und Weltverhältnissen, die sich ausbreitende Christenverfolgung, die über ein Drittel der Menschheit erfaßte, und der sich vertiefende Christushaß. In diesem allem zusammen umzuckt uns das Wetterleuchten, das eine vielleicht letzte apokalyptische Zuspitzung der Weltlage ankündigt. Sollten die konfessionell geschiedenen Kirchen sich nicht zusammenschließen angesichts des bevorstehenden Antrittes des gemeinsamen Gegners zur Totalvernichtung der Gemeinde Jesu!

2. Der ökumenische Frühling in Rom und die Schlußfolgerung der einen Seite

Zu dieser allgemeinen Lage kommt ein akuter Anstoß von seiten der gegenwärtigen Entwicklung innerhalb des Katholizismus. Er wird bei uns Evangelischen, auch innerhalb der Bekenntnisbewegung, allerdings verschieden beurteilt.

Die einen sehen einen Frühling in den tausendjährigen Wintertod des ersten und zweiten Schismas zwischen den Kirchen einbrechen oder bereits angebrochen: eine große Chance oder Gottesstunde; – Gottes Angebot, der tausendjährigen Trennung zwischen Ost und West, der fünfhundertjährigen Trennung zwischen Rom und den reformatorischen Kirchen ein Ende zu machen und damit der Zerrissenheit der Christenheit, der Zwietracht zwischen den einzelnen, der zehrenden Not in den Mischehen, der Konkurrenz auf den Missionsfeldern, der Schmach der Gemeinde Jesu vor der Welt, durch die das Evangelium unglaubwürdig wird, – ja, einer jahrhundertelangen Blutgeschichte. Die so urteilen, sehen in der römischen Kirche, gleichzeitig mit dem Aufbruch der Ökumenischen Bewegung außerhalb Roms und aus den gleichen Wurzeln gespeist, eine große Stunde der Erweckung und der Buße angebrochen, die das Gewissen für die Schuld der Trennung aufschloß – das Auge für den Bruder und das Herz für die Gemeinschaft zwischen allen Gläubigen am Leibe Christi.

Ich zitiere einen evangelischen Theologen, der führend in der Ökumenischen Bewegung steht und gleichzeitig Vorbereitung und Verlauf des Zweiten Vatikanischen Konzils als Beobachter verfolgte: »Wer an der Ökumenischen Bewegung teilgenommen hat . . . und . . . die Möglichkeit hatte, die Vorbereitung und den Verlauf des Zweiten Vatikanischen Konzils aus der Nähe zu beobachten, der kann nicht umhin, den Aufbruch gleicher geistlicher Kräfte in der Ökumenischen Bewegung und in der römischen Kirche zu erkennen . . .«. »Der Ursprung ist in elementaren Impulsen gegeben . . . Sie (gemeint ist die Ökumenische Bewegung) ist . . . eine geistliche Erweckung, in der die getrennten Kirchen ihrer Einheit in Christo gewiß werden und die Spaltung als Sünde und Schmach empfinden. So ist die Ökumenische Bewegung eine Bußbewegung, die erschütternd und beglückend, niederreißend und aufbauend die Herzen ergreift. Es ist mir kein Zweifel, daß es elementare geistliche Impulse waren, die auch Papst Johannes XXIII. veranlaßten, dem Zweiten Vatikanischen Konzil den Ökumenismus als Thema aufzugeben, und daß ebensolche Impulse sich in den Konzilsdiskussionen ausgewirkt haben.«[1]
So urteilt der einstige Betheldozent und Heidelberger Professor für systematische Theologie E. Schlinck.

Dieselbe Deutung geben unser westfälischer Kirchenpräses Thimme und der römische Bischof Tenhumberg der angebrochenen Stunde.

»In all diesen Vorgängen glauben wir in Dankbarkeit und Ehrfurcht den Willen des Geistes Gottes unter uns erkennen zu dürfen, dem wir Raum zu geben haben. An uns

[1] E. Schlinck: »Das Ergebnis des konziliaren Ringens um den Ökumenismus der römisch-katholischen Kirche«, Kerygma und Dogma 3. Quartalsheft 1965, S. 177–94 – S. 192/93.

ist es, dem Geiste Gottes nicht entgegenzuwirken, sondern unser Verhalten seinem Walten unterzuordnen.«[1] »Die Bewegung zueinander ist unaufhaltsam; ihr zu widerstehen wäre unrecht.«[2]

Vorsichtiger, aber doch vom selben Hauch eines weltgeschichtlichen Geschehens angerührt, schreibt der sonst scharfe griechisch-orthodoxe Konzilskritiker Nissiotis:

»Es geht um eine neue Reformation, die es *allen* Christen *aller* Kirchen erlaubt, demselben Mittelpunkt zuzustreben, der nicht nur Christus als abstrakter Begriff ist, sondern die *unteilbare* historische Kirche, die Wirklichkeit des Lebens der Kirche durch die Jahrhunderte mit seinen deutlichen und unleugbaren Zeichen.«[3] (Nissiotis entwickelt allerdings zugleich sein dem römischen entgegengesetztes Verständnis solcher Reformation als Reformation aus dem Gebet und solcher Einheit als im Heiligen Geist vorgegebener.)

All diesen römischen, evangelischen und orthodoxen Stimmen ist in faszinierender Einstimmigkeit der Ausgang vom Hohenpriesterlichen Gebet gemeinsam. Das positive Echo unter Tausenden von Gemeindegliedern, gewiß auch innerhalb unserer Bekenntnisbewegung, kann nicht überraschen. Diese Stimmen stellen uns als bekennenden Christen, den einzelnen wie der Bewegung als ganzer, die Frage: Sind wir auf Grund einer Vorprogrammierung durch unsere protestantische Tradition in Gefahr, was in Rom und der Ökumene geschieht, nicht richtig zu sehen und dadurch wirklich Gottes Stunde zu verpassen, uns der

[1] »Wege der Kirchen zueinander« Materialien für den Dienst in der evang. Kirche von Westfalen, Reihe C »Ökumenismus und Mission« Heft 2, 1973, S. 5.

[2] a. a. O. S. 6, vgl. S. 12 usw.

[3] N. A. Nissiotis »Ökumenische Bewegung und Zweites Vatikanisches Konzil«, Kerygma und Dogma a. a. O. S. 218, vgl. 219.

Stimme des Heiligen Geistes zu widersetzen, d. h.: uns zu verstocken?

Statt lautgewordener Stimmen aus unserem Kreise zitiere ich einen katholischen Theologen, weil hier schonungsloser ausgesprochen wird, was manche unter uns bewegt. Der Stellvertreter Alfredo Ottavianis, des Sekretärs des H. L. Offiziums, d. i. der obersten Kurienbehörde in Sachen des Glaubens und der Moral – nämlich der Titularerzbischof Pietro Parente formuliert:

»Er (Luther) war es, der als erster versuchte, das Christentum systematisch auf eine persönliche Erfahrung zu reduzieren, *indem er den Menschen vor Gott und sein Wort stellte* und *das Lehramt der Kirche* durch die freie Prüfung des einzelnen – und die Lehre des dogmatisch definierten Glaubens durch ein blindes Gefühl des Vertrauens in Gott zu ersetzen. Er *löschte* so mit einem Federstrich *die Vermittlung der Kirche aus*, die seit fünfzehn Jahrhunderten mit übermenschlicher Autorität das Wort Gottes, die Wahrheit und das Gesetz predigte und die Gnade durch die Sakramente verteilte . . . Indem er das Mysterium der Kirche eliminierte, schändete Luther das Mysterium Christi und seines Erlösungswerkes. Ich weiß, daß man heute nach einer nunmehr herrschenden Mode versucht, auch Luther zu rehabilitieren. Aber . . . (es folgt eine Zeichnung seines rebellischen Denkens) Luther hat in seiner Ideologie und mit seinem Handeln die wesentliche Struktur der Kirche desintegriert, die ein Organismus ist . . . unter dem Wirken Christi, dem unsichtbaren Haupt des Corpus mysticum, und dem lebenden Petrus, im Papst, seinem Stellvertreter und sichtbaren Haupt der Kirche, der Hierarchie und der Gläubigen. Eine derartige Struktur ist die Garantie der Einheit, der Disziplin und des Kultus. Die Zerstückelung des Christentums in eine Myriade von heute in die ganze Welt verstreuten protestantischen Sekten beweist, wie närrisch und ungerechtfertigt die Geste Luthers gewesen ist. Doch das traurige Schauspiel der protestantischen Zerstreuung ist auch ein indirekter, aber glänzender Beweis für die Notwendigkeit der hierarchischen Kirche mit der Vollmacht des Lehramtes und perfekten Jurisdiktion . . . Der von Luther gewollte religiöse Individualismus ist Verlorenheit und Abenteuer . . .«[1]

Es könnten hier evangelische Stimmen angefügt werden, die etwas weniger deutlich, aber doch in dieselbe Richtung weisen.

Sollte es nicht Zeit sein, uns vom Blick in die Vergangenheit freizumachen, die Grenzen der Autorität unseres Reformators Martin Luther zu erkennen, wo falsche Wurzeln unsere evangelische Haltung bestimmen, sie ins Licht der Kritik zu geben, statt Formeln von gestern zu wiederholen, den Aufbruch aus alten Fronten in die Zukunft zu wagen. Von der Praxis her fügen Brüder aus der Diaspora hinzu: Hat sich nicht faire Zusammenarbeit unter Ausklammerung des Trennenden bereits in der Praxis bewährt!

3. Die Schlußfolgerungen der anderen aus dem ökumenischen Frühling

Auch in der Sicht der anderen stehen wir vor einer entscheidenden Stunde. Aber sie sehen den Zeiger Gottes in andere Richtung weisen. Im Bilde gesprochen: Ich erinnere mich einer Einreise in die Schweiz vor fast 30 Jahren.

[1] OR Nr. 267 v. 16. 11. 1960, vgl. OR Nr. 116 v. 20. 5. 61 nach M. Ziegler »Das röm. Verständnis des Ökumenismus . . .«, 1965 Kerygma und Dogma a. a. O. S. 203.

Beim Einbruch der Nacht wurden wir aus dem Zuge geholt. Was war geschehen? Sei es unter dem Sog der Schwerkraft von unten, sei es unter dem seitlichen Druck ungeheurer Naturkräfte, hatte ein Stück des Berges über dem engen Tal begonnen, sich zu lösen aus der Verankerung im Felsengrunde, der es Jahrmillionen trug, und sich zur Talfahrt anzuschicken. Bei den ersten Anzeichen gaben die zum Wächteramt bestellten Stellen Warnsignal, um eine Katastrophe zu verhüten.

Zu solchem Warnen berufen fühlen sich heute evangelische Christen aus verschiedenen Lagern – verbunden durchs gemeinsame Wächteramt aufgrund ihrer Stellung am Beobachterstande der Zeiten im Lichtschein des Wortes Gottes. »Du Menschenkind, ich habe dich zum Wächter gesetzt« (Hes. 3, 17, vgl. 22, 30; 1. Joh. 4, 1). Hier sieht man den Einbruch nicht eines Frühlings, sondern einer Katastrophe sich abzeichnen. Zwar nicht *die* Kirche, aber unsere evangelischen Landes- und Freikirchen sind in der Lösung aus dem ewigen Felsengrunde des Evangeliums, der sie trug, begriffen. Wir sehen sie unter ungeheurem Sog von unten und Druck von den Seiten sich zur Talfahrt schicken, der Machtergreifung des Antichristen in der Kirche und dem Zusammenstoß mit dem Gericht entgegen, aus dem die Bußbewegung der Reformation die Kirche gerettet hatte. Vor jenem drohenden Felssturz in der Schweiz leitete man den Zug rechtzeitig um. Als einzige Chance auch für uns erkennen wir Umleitung, d. h. Buße oder Rückkehr zum Evangelium, wie es in der Reformation wiederentdeckt wurde – Öffnung für die Botschaft vom Kreuz. »Zerreißet eure Herzen . . . und bekehret euch zu dem Herrn . . . Wer weiß, es mag ihn wiederum gereuen . . .« (Joel 2, 13. 14).

In der Erkenntnis und Verantwortung geben wir Alarm.

II. Rückblick: Vorbereitende Entwicklungen

Unter den äußeren Ereignissen, die zur Alarmbereitschaft riefen, ragt das Zweite Vatikanische Konzil hervor – noch mehr das Echo, das es in der evangelischen Christenheit weckte, und etwas später die Wende in der Ökumene gezeichnet durch die Namen Uppsala, Addis-Abeba und Bangkok. Um diese Ereignisse und ihr Echo zu verstehen, müssen wir sie auf dem Hintergrunde der Weltentwicklung sehen. Andeutungen genügen.

1. Der ökumenische Trend im säkularen Raum

Wir erinnern uns alle daran, daß der Trend zum Internationalen und Ökumenischen ins vorige Jahrhundert und weiter zurückgeht. Sein Gefälle erhielt einen entscheidenden Anstoß durch die Erringung der Autonomie des menschlichen Geistes in Humanismus und Aufklärung, in der Französischen Revolution und im Marxismus und seinem Griff nach der geistigen und politischen Weltherrschaft heute.

Diese Entwicklung ist eingebettet in den Zusammenhang mit der Entstehung der *einen* Welt durch die Entfaltung von Wissenschaft und Technik und ihrer Wirkungen, von der Entdeckung des Kompaß, des Explosivstoffes und der Dampfkraft bis zu der der Atomkraft, von der Aufsegelung der neuen Welt bis zum Vorstoß in den Kosmos, von der Erfindung des Buchdrucks bis zur Entwicklung der Massenmedien, Presse, Rundfunk und Fernsehen. Es gibt nichts von Rangordnung, was nicht heute alsbald international würde.

2. Der ökumenische Trend im christlichen Raum

Auf diesem Hintergrunde sehen wir die Entstehung des christlichen Internationalismus und Interkonfessionalismus: Internationale *Erweckungsbewegungen* und das Erwachen zum Bewußtsein der missionarischen Weltverantwortung in der Entstehung der *Missionsgesellschaften* wie der *diakonischen Bewegungen* mit ihren Bruderschaften, Schwesternschaften und Werken der Inneren Mission; die *Gebetsbewegung*, die in der Evangelischen Allianz Gestalt annahm, heute in Weltgebetstagen in Erscheinung tritt. In diesen Zusammenhang gehören die *internationalen christlichen Jugend-*, *Studenten-*, *Männer-* und *Frauenbewegungen* und schließlich die *ökumenische Bewegung* von heute mit ihren Weltkirchenkonferenzen, der Schaffung eines Weltkirchenrates und der Integration des Weltmissionsrates in denselben.

Welches waren die treibenden Kräfte hinter diesem Gefälle innerhalb des christlichen Raumes? Dürfen wir hier durchgehend *zwei Wurzeln* oder Linien verfolgen? Die eine wurzelt in der weltweiten Verheißung an Abraham: »In dir sollen Segen finden alle Geschlechter« (1. Mose 12, 3) und in der Einladung Gottes: »Wendet euch zu mir, so werdet ihr selig, aller Welt Enden . . . Mir sollen sich alle Knie beugen« (Jes. 45, 22. 23). Sie wurzelt in der weltweiten Geltung des Opfers Christi, von seinem Zeugnis über die Bedeutung seines Sterbens für die Vielen (Mk. 10, 45) entsprechend dem Karfreitagskapitel der prophetischen Weissagung Jes. 53, 10 ff., bis zur weltweiten Ausrichtung seines Tauf- und Missionsbefehls (Mt. 28, 19; Apg. 1, 8). Diese Wurzel und dieses Ziel sind von Jesus zusammengefaßt in seinem Hohenpriesterlichen Gebet: »Ich heilige mich selbst für sie . . . auf daß sie alle eins seien . . . auf daß die Welt glaube, du habest mich gesandt« (Joh. 17, 19. 21).

Die Wurzel der anderen Linie enthüllt sich in dem Bekenntnis: »Laßt uns eine Stadt und einen Turm bauen, dessen Spitze bis an den Himmel reiche, daß wir *uns einen Namen* machen; daß wir *nicht zerstreut* werden . . .« (1. Mose 11, 4). Sie gipfelt in dem antichristlichen Geisteseinbruch zu den Völkern (Offb. 16, 13. 14; 13, 15–17). Wurzel und Gipfel sind *antichristlich*, suchen aber, sich *christlich zu tarnen*: »Und ich sah ein ander Tier aufsteigen aus der Erde, das hatte zwei Hörner gleich einem Lamm« (Offb. 13, 11). »Und es machte, daß die Erde und die darauf wohnen (d. h. die Ökumene, Offb. 12, 9; 16, 14) anbeteten das erste Tier, dessen tödliche Wunde heilgeworden war, und verführte, die auf Erden wohnen« (Offb. 13, 12b–14a).

Wie die erste Linie im Tode und der verborgenen Auferstehung Christi gipfelt, so gipfelt die andere in der antichristlichen Nachahmung seines Todes und seiner Auferstehung in irdischer Herrlichkeit (vgl. Mk. 10, 45; 14, 24; Jes. 53, 10 ff.; Offb. 5, 6 mit 13, 12 c. 14 c). Die eine steht im Zeichen der Parole: »Laßt uns uns einen Namen machen«, die andere im Zeichen dessen, der sich selbst entäußerte und gehorsam wurde bis zum Tode am Kreuz und darum von Gott einen Namen bekam, den das All anbeten wird im Zeichen des Gebetes: »Ich heilige mich selbst für sie . . . daß sie in uns eins seien.« Welche Linie bestimmt das ökumenisch-römische Gefälle im christlichen Raum? Gehen auch hier beide miteinander? (Phil. 2, 5–11; Joh. 17, 24 ff.).

3. Die Zuspitzung des ökumenischen Trends auf Rom zu

Ehe wir auf unsere Stunde kommen, bedarf es noch einer Besinnung auf die besondere Ausrichtung des ökumenischen Gefälles auf Rom hin. Auch sie bereitet sich schon seit Anfang des Jahrhunderts vor.

a) Am Anfang war es die *»Una Sancta«-Bewegung*, die ihre Wellen aus Rom in die evangelische Kirche hinüberschlug. Wer kennt heute noch all die kleinen Kreise, die sich in diesem Anliegen zusammenfanden, wie z. B. »Brudergemeinschaft der betenden Kirche«, Klosterneuburg (mit 600 Pfarrern und Laien), »Gebetsbund für die Protestanten«, »Bruder-Klausebund« (kath.), »Winfriedbund«, »Bruderschaft U. S.« (Una-Sancta), Meiningen bei Augsburg.[1] Die katholische Kirche hat diese Bewegung abwechselnd gefördert, gebremst, unter Kontrolle genommen und unter Kontrolle freigegeben.

Die Älteren unter uns erinnern sich noch der mancherlei Gespräche, die besonders nach dem Kriege zwischen evangelischen und katholischen Theologen auf Una-Sancta-Ebene geführt wurden. Es gab einen Orden, der vom Papst den besonderen Auftrag hatte, die Una-Sancta-Sache in Deutschland zu pflegen. Gemeinsames Erleben in zwei großen Kriegen und der gemeinsame Kampf gegen den Nationalsozialismus stärkten die Erfahrung der Gemeinschaft zwischen den Konfessionen. Der katholische Theologe Joseph Lortz schien mit seiner Lutherdarstellung auf katholischer Seite eine neue Sicht der Reformation einzuleiten.

Schon kurz nach dem letzten Kriege (1947) konnte F. Viering auf einer Tagung über »die Begegnung der Konfes-

[1] Einen Überblick finden Sie in »RGG« und »Calwer Kirchenlexikon«.

sionen« formulieren: »Von mir persönlich kann ich sagen, daß die Wirklichkeit der Una-Sancta mich mit überwältigender Wucht überfallen hat.«[1] Und er konnte hinzufügen: »Mir ist es kein Zweifel, daß die Frage auf uns zukommt, ob wir evangelisch bleiben oder katholisch werden wollen.«[2] Und weiter: »Wenn wir . . . die Aufgabe der Besinnung in der Pfarrerschaft nicht angreifen, werden uns Entscheidungen überfallen, auf die wir nicht gerüstet sind.«[3]

Viering sah den Grund für die entstandene Unsicherheit auf evangelischer Seite im Zerbruch des Kulturprotestantismus und im Hinfälligwerden seiner aus dem Liberalismus stammenden antirömischen Komplexe, ebenso wie im obengenannten Gemeinschaftserlebnis während des Kirchenkampfes und des Weltkrieges und schließlich in der Una-Sancta-Erfahrung, »die uns nicht verlorengehen darf«. So sah es Viering, wenngleich er die Romgebundenheit des Einheitsgedankens drüben klar erkannte.

b) Fördernd wirkte dabei *der Zug der Zeit zur Bildung von Bruderschaften* in der Fächerbreite von pietistisch-erwecklich-missionarischer Prägung bis zu liturgischer, mystischer oder katholisierender Ausrichtung. Für die Ersteren seien nur einige Vertreter genannt wie Pfarrergebetsbruderschaft, Pfarrschwesternbund, Frauenmissionsgebetsbund, Ahldener und Dasseler Bruderschaft usw.

Für Letztere sind die *Kommunitäten* zu nennen, die sich in der Richtung des Ordensgedankens bewegten und bewe-

[1] F. Viering »Die Begegnung der Konfessionen in der Gegenwart« 1948 S. 12.
[2] a. a. O. S. 16.
[3] a. a. O. S. 17.

gen wie Christusbruderschaft, Marienschwesternschaft, Taizéorden usw.

Endlich ist hier noch die Erscheinung sui generis, die charismatische Ökumene oder das Lebenszentrum in Schloß Craheim zu nennen, das deutlich die Annäherung der Konfessionen betreibt. Hier fanden sich verschiedene Bewegungen zusammen, wie die Namen Pater Mederlet aus dem Katholizismus, Wilhard Becker aus der baptistischen Ruferbewegung, Arnold Bittlinger aus der Zungenbewegung, bis vor kurzem auch im Vorstand des Marburger Kreises, und Hollenweger aus der Ökumenischen Bewegung, ursprünglich Pfingstler, unter den führenden Männern in Craheim zeigen (Wilhard Becker hat inzwischen Schloß Craheim verlassen, aber sich nicht innerlich davon getrennt).

Übergangen werden darf bei dieser Gelegenheit auch nicht der anders strukturierte Bund für evangelisch-katholische Wiedervereinigung mit seiner Zeitschrift »Bausteine für die Einheit der Christen« (Druck Parceller & Co. in Fulda).

Das heutige Gefälle innerhalb dieser Zusammenschlüsse scheint in eine Richtung zu weisen, die fortführt von Bruderschaften, welche in der pietistischen Entdeckung der Gemeinschaft, in Glaube und Dienst allein wurzeln, und hinführt zu Zusammenschlüssen in Kommunitäten und Orden, die mit und in Unterordnung und Dienst auf eine Verwirklichung des Elitegedankens zielen.

c) Hand in Hand mit der Entwicklung evangelischer Kommunitäten ging naturgemäß das Umsichgreifen *meditativer Bewegungen*. Auch dieses vollzieht sich in einem breiten Fächer, der vom Heidentum bis zum Katholizismus, vom religiösen bis zum psychologischen Bereich reicht, vom indischen Yoga bis zu vom mittelalterlichen Mönchtum und Ignaz von Loyola her geprägten Exerzitien, von der Antroposophie bis zur Psychoanalyse und der aus ihr hervorgegangenen Gruppendynamik, das heißt psychologischen Methoden, die sich heute als letzte Chance zum Überleben in der Auflösung des Abendlandes anbieten.

Der Zug zu Kommunität und Meditation schuf und schafft eine innere Verwandtschaft mit der Neigung zum *Selbstheiligungsstreben*, zur Werkgerechtigkeit und *Mystik* im Katholizismus aller Zeiten. Dieser Zug wird gefördert durch die Sehnsucht nach echtem Leben und durch das Unbefriedigtsein vom Materialismus und der Hektik der Wohlstandsgesellschaft ebenso wie durch den Intellektualismus der protestantischen Theologie und Predigt wie endlich durch die Abzehrung des gottesdienstlichen und gemeinschaftlichen Lebens in Kirchen und Freikirchen. Hand in Hand damit ging und geht die *Abwertung der Lehre* gegenüber dem Erlebnis und dem Erwecklichen durch die *charismatischen Bewegungen* und auch durch manche Evangelisten und die Entleerung der Lehre durch die moderne Theologie. Abwertung und Entleerung der Lehre ließen die paulinisch-reformatorischen Grunderkenntnisse nicht mehr als wichtig und darum auch nicht mehr als kirchentrennend erscheinen. So bereiteten Kommunitäten, meditative Bestrebungen und charismatische Bewegungen den Boden für eine Annäherung an Rom.

d) Die Magnetnadel *der Romorientierung* schlug bei einzelnen Gruppen besonders weit aus. Längst suchten tiefer angelegte evangelische Christen, besonders Männer im Streß des modernen Lebens, an katholischen Zentren wie Maria-Lach Stille und Sammlung. Eine ähnliche Rolle spielte Grand Champ. Einzelne evangelische Kommunitäten wie z. B. Christusbruderschaft und Ökumenischer Christusdienst veranstalteten Gruppenfahrten nach Rom, suchten Audienzen beim Papst, und ihre Führer ließen sich überwältigen von der Ausstrahlung, die vom »Vertreter« ausging. Häufigere Kontakte mit Rom und katholischen Stellen wurden von der »ökumenischen« (jetzt »evangelischen«) Marienschwesternschaft gemeldet. Am intensivsten bewegte sich – obgleich es von vielen Seiten geleugnet wurde – der Kurs des »evangelischen« Ordens von Taizé schon mit der Übernahme der katholischen Gelübde auf Rom zu. Er fand von seiten Roms begreifliche Beachtung. Schon drei Tage nach seiner Krönung empfing der Papst den Prior von Taizé[1]. Die Haltung des Vatikans und der katholischen Presse wiesen in gleicher Richtung. Die Orientierung findet ihren Ausdruck in häufigen Formulierungen im Munde von Prior und Vizeprior R. Schutz und M. Thurian. Ich zitiere aus der französischen Presse und dem Taizé-Blatt »Verbum Caro« nach S. Dubois u. Th. Rehse:

»Die neue ökumenische Orientation nach Rom hin macht es jedem Christen zur Pflicht, ihr beizutreten, denn die Nichtbeteiligung an dieser Bewegung konstituiert die heutige Sünde (eigentlich eine neue Sünde = un nouveau pèché).«[2]

»Ich habe gelobt, die römische Kirche nie zu bekritteln. In ihr und in all denen, die sie auf Erden vertreten, sehe ich ein Bild unseres Herrn. Dieses Bild kommt mir im heuti-

[1] S. Dubois vom 13. 5. 63. M. Thurian ist auch in einer katholischen Sammlung von Mariengebeten vertreten. (Joseph Dreissen »Um die Kirche der Zukunft«, S. 51–55).
[2] Roger Schutz in »Gazette de Lausanne« v. 24. 2. 63.

gen Papst mit einer ganz besonderen Intensität entgegen«[1].

»Es ist selbstverständlich, daß die apologetische Haltung der Tradition gegenüber nicht mehr haltbar ist« (die Haltung), »dergemäß die Kirche ihre Lehre nur auf die Bibel zu gründen habe. Diese Position ist heute total überlebt«[2].

Es ist gewiß nicht Zufall, daß Taizé vielleicht mehr noch als Darmstadt und Schloß Craheim Wallfahrtsziel auch liberal geführter evangelischer Gemeinden geworden ist.

Unter den Wegbereitern nach Rom darf natürlich auch die Ökumenische Bewegung selber nicht übergangen werden. Schwärmerischer, pantheistischer Wurzel (Söderblom) entwachsen, war sie über die ernste Besinnung auf Gemeinsamkeiten und Unterschiede im Licht der Schrift zusehends fortgeschritten zur Konzentration auf die Einheit im Erlebnis unter Mißachtung der Lehre. E. Schlinck, H. Thimme, Roger Schutz, Max Thurian bestätigen einmütig, jeder von seiner Richtung her, die gemeinsame Dynamik der ökumenischen und römischen Bewegungen, »gemeinsamen Ursprung« und »Weg«, trotz verschiedener »Definition des Zieles« (vgl. oben a. a. O.). Auf römischer Seite sieht man in der Ökumenischen Bewegung die Tür, die sich der Papstkirche öffnet, und verpflichtet jeden Katholiken zur Teilnahme an ihr (Dekret über den Ökumenismus).

[1] Roger Schutz im »Figaro«.

[2] Max Thurian in »Verbum Caro«; vgl. Max Thurian an anderen Stellen. Zitiert nach brieflicher Mitteilung von S. Dubois, vgl. auch Theophil Rehse »Ökumene auf dem Weg zur Weltkirche«, 3. Aufl. 1971, Verlag Schulte-Wetzlar. – Die römische Prägung des Ordensgedankens in Taizé begegnete mir selbst in einem Vortrag eines Taizé-Bruders, den ich nach dem Kriege hörte.

III. Das auslösende Ereignis: das Zweite Vatikanische Konzil

1. Die Ankündigung

In die so mit Spannungen aufgeladene Verfassung unserer evangelischen Christenheit traf wie ein Funke in ein Hochspannungsfeld die für Außenstehende unerwartete Einladung zu einem ökumenischen Konzil durch Papst Johannes XXIII. im Jahre 1959. In seltener Weise verband sich hier weitausschauende Planung mit der Spontaneität explosiver Wirkung. Zwar wurde das anfängliche Mißverständnis in Richtung einer Vertreterversammlung aller Denominationen schnell zurechtgestellt im Sinne der Einberufung einer ordentlichen katholischen Bischofsversammlung aus der ganzen Welt; aber dieser Versammlung war von vornherein vom Papst ein *ökumenischer Akzent* mitgegeben in der Abzielung auf die weltweite Christenheit.

In enthusiastischer Weise wurde der Zweck dieser Versammlung dreifach näher präzisiert: 1. als spektakuläre Selbstdarstellung der wahren Kirche vor der ganzen Welt, 2. Einleitung einer Erneuerung in der eigenen Kirche, 3. und, besonders emphatisch verkündigt, als Einladung an die »getrennten Brüder« zur Heimkehr in die katholische Kirche als in ihre eigene. Der Vergleich mit der ökumenisch gezielten Ausgießung des Geistes am ersten Pfingsttag tauchte auf. Einige Zitate atmen den Hauch. Schon bei seinem Regierungsantritt verkündete Johannes XXIII. über den Rundfunk:

»Wie die Kirchen des Abendlandes, so umarmen wir mit gleicher väterlicher Zuneigung die Kirchen des Morgenlandes; ebenso öffnen wir Herz und Arme für diejenigen, die getrennt sind von diesem apostolischen Stuhl, wo Petrus selbst in seinem Nachfolger lebt bis ans Ende der Tage . . . Wir wünschen brennend die Rückkehr in das Haus des gemeinsamen Vaters . . . Indessen mögen alle kommen, wir beschwören sie, mit vollem und liebevollem Verlangen, und sobald als möglich möge diese Rückkehr geschehen, unter der Inspiration und Hilfe der Gnade . . .«[1]

In Bezug auf das Konzil selber heißt es:

»Es wird ein sehr bewegendes und herrliches Schauspiel sein, das der Welt, den Engeln und den Menschen (1. Kor. 4, 9) dargeboten wird.«[2]

Ziegler berichtet unter Zusammenfügung von Zitaten:

»Mit diesem ›universalen Ereignis‹, vergleichbar nur dem Pfingstgeschehen, mit dieser ›grande riunione del popolo christiano‹ (OR Nr. 81 v. 8. 4. 59) . . . der es vorbehalten sein wird, Himmel und Erde zu bewegen« (OR Nr. 114 v. 18./19. 5. 59, Pfingsthomilie in der Peterskirche), »werden wir die Kirche in all ihrem Glanz darbieten ›sine macula et sine ruga‹, und werden zu allen anderen, die von uns getrennt sind, sagen: Orthodoxe, Protestanten u. a. . . . seht, Brüder, das ist die Kirche Christi . . . Kommt, kommt! Das ist der Weg, der offen ist zur Begegnung und zur Rückkehr. Kommt, um euren Platz einzunehmen oder wiedereinzunehmen, der für viele von euch der Platz eurer alten Väter ist« (OR Nr. 184 v. 10./11. 8. 1959)[3].

Die Kette von enthusiastischen, öffentlichen Einladungen führte einen Umbruch in der Weltatmosphäre, einen

[1] Zitiert nach M. Ziegler: »Das römische Verständnis des Ökumenismus . . .« Kerygma und Dogma 3. Heft 1965 S. 195 ff.

[2] a. a. O.

[3] a. a. O.

Dammbruch auf evangelischer Seite herbei. Warnungen vor Enthusiasmus, Mahnungen zur Einhaltung der römischen Kursrichtung der aufgebrochenen Bewegung, wurden durch die enthusiastischen Klänge in den römischen Verlautbarungen selber erstickt und gingen im allgemeinen Aufbruch eines Enthusiasmus auf evangelischer Seite unter.

2. Der Verlauf des Konzils

Zwar goß der Verlauf des Konzils in das Feuer der Erwartungen, besonders der Fachleute, auf katholischer wie auf evangelischer Seite, Wasser. Immer wieder siegte die reaktionäre Tendenz über die reformistische. Wir hörten aber schon, wie E. Schlinck[1] trotz aller Rückschläge den Glauben an die Unaufhaltsamkeit der ökumenischen Dynamik hinter dem Konzilsgeschehen festhielt. Bischof Dietzfelbinger[2], damals Ratsvorsitzender, bescheinigte dem Konzil als Fortschritt, daß die Kirchenkonstitution des Zweiten Vatikanums über die sakramentale Eingliederung in die Kirche hinaus, ihren Gliedern die innere Aneignung des Heils empfahl. Die Forderung nach eigener Erneuerung, ja Bekehrung, war ebenfalls ein neuer Klang.

Gab das Konzil nicht eine Kette von Beweisen des Fortschritts: Die schon erwähnte enthusiastische Einladung; – die Hinzuziehung von Beobachtern aus anderen Kirchen; – die Bezeichnung der Nichtkatholiken als »Brüder« oder »getrennte Brüder«, der anderen Konfessionen als »Kir-

[1] vgl. E. Schlinck »Das Ergebnis des konziliaren Ringens um den Ökumenismus der Römisch-katholischen Kirche«, »Kerygma und Dogma« 3. Heft 1965 S. 179 unt. 182. 191/192.

[2] Dietzfelbinger »Die Grenzen der Kirche nach der dogmatischen Konstitution ›De Ecclesia‹«, Kerygma und Dogma 3. Heft 1965, S. 166–175, 176.

chen« oder »kirchliche Gemeinschaften«; – das Zugeständnis der Wirkung des Heiligen Geistes auch in ihnen; – die Anerkenntnis ihrer positiven Bedeutung auch für die katholische Mutterkirche; – die Bestätigung der Eingliederung in Christus auch durch ihre Taufe; – die Anerkennung von »Elementen der wahren Kirche« auch außerhalb Roms; – das Eingeständnis und Bekenntnis von Schuld an der Trennung auch auf katholischer Seite; – die freudige Begrüßung der außerkatholischen ökumenischen Bewegung als vom Geist der Gnade gewirkt. Ja, das Dekret über den Ökumenismus legte allen katholischen Gläubigen, den Bischöfen wie der Kurie selber Teilnahme an der Ökumenischen Bewegung und Überwindung der Hindernisse auf dem Wege »zu einer völligen kirchlichen Gemeinschaft« ans Herz.

War das nicht alles Wunder nach der schroffen Enzyklika Pius XI. »Mortalium animos« 1928, dem Verbot der Teilnahme katholischer Beobachter an den Weltkirchenkonferenzen in Amsterdam 1948 und Evanston 1954, dem Placet zur Beteiligung an gemischt-konfessionellen Zusammenkünften nur bei begründeter Erfolgsaussicht (im römischen Sinn) durch die Instruktion des Sanctum Officium vom 20. 12. 1949, ja, der Zurücksetzung katholischer Theologen, die sich für den ökumenischen Gedanken eingesetzt hatten durch Pius XII.[1]

Welch ein Wandel jetzt!

3. Das Echo in der evangelischen Christenheit

Zwar ließen selbst die Väter des ökumenischen Frühlings in Rom, ein Johannes XXIII. und ein Kardinal Bea, keinen Zweifel daran aufkommen, daß trotz aller Weither-

[1] E. Schlinck a. a. O. S. 191 ff.

zigkeit gegenüber den Heimkehrenden an der Lehre Roms und seinem hierarchischen Aufbau kein Quentchen geändert werden könne, und daß ökumenische Einheit es nur innerhalb der Papstkirche bzw. im Rahmen der Rückkehr in sie geben könne. Und erst recht der Chor kleinerer Geister, Kurienkardinäle und Glieder des heiligen Officiums, stimmten noch schärfer mit ein und selbst berühmte katholische Theologen unterwarfen sich gegen ihre mit Leidenschaft vertretene Überzeugung, sobald die Kirche auf dem Konzil gesprochen hatte.[1] Vollends die für den weiteren Weg verbindlichen, weil vom Papst promulgierten Konstitutionen und Dekrete des Konzils legten den in unsern Augen hybriden und dämonischen Kurs in Lehre und Aufbau weiter fest.

Aber auf Grund eines geheimnisvollen Gesetzes von oben oder von unten wurde dies alles von der Mehrzahl der Evangelischen überhaupt nicht zur Kenntnis genommen. Man starrte nur auf den Frühling und stürzte sich darauf, die ihm entsprungenen Blüten in gemeinsamen evangelisch-katholischen Veranstaltungen zu pflücken.

IV. Versuche, die Gemeinde zu warnen

1. Hindernisse, die einer Warnung entgegenstanden

Gegenüber dieser geistlichen Verwirrung war eine Warnung schwieriger als gegenüber der modernistischen Theologie, dem Pornogesetz oder der ökumenischen Verfälschung der Mission. Ging es doch jetzt nicht gegen den sich entlarvenden Modernismus und seine Früchte,

[1] vgl.: Nissiotis berichtet das bewundernd als Beweis für einen auch für die ökumenische Erneuerungsbewegung vorbildlichen Beweis der Disziplin und Geisteszucht.

sondern um diejenige Kirche, die Hüterin der kirchlichen Substanz in der allgemeinen Auflösung zu sein schien.

Die einen wehrten sich gegen den Einstieg in eine Auseinandersetzung mit der römischen Bewegung aus Loyalität gegenüber den dort aufgebrochenen Kräften der Erneuerung, die im Kampf gegen die Verfälschung der Mission und Auflösung der Moral uns treu zur Seite stehen. Andere wollten die Türe nicht zuschlagen zu einer vom geistlichen Glanz uralter Autorität und Tradition beglaubigten, unter dem einen Haupt zusammengeschlossenen Kirche. Es gab Stimmen, die ahnen ließen, daß sie, vor eine Alternative zwischen evangelischer Solidarität oder Bewahrung des Respektes vor dem Papsttum gestellt, sich für letzteren entscheiden würden.

Wieder andere überschlugen im Bewußtsein der Verantwortung für die evangelische Christenheit – die Kosten solch eines Kampfes. Jetzt ging es ja um Widerstand gegen die einzige geistliche, geistige und politische Großmacht, deren Totalitarismus nicht bloß immanenten, sondern auch metaphysischen Charakters ist. So mancher meinte auch, wir könnten nicht alle Gegner gleichzeitig angreifen.

2. Warnrufe einzelner

Zwar waren längst schon einzelne warnend aufgestanden. Zum Beispiel: Die Tagung ehemaliger römischer Priester 1963, Dr. W. Th. Cleve (Lüdenscheid)[1], Jakob Schmitt (Siegerland) 1968[2], die Pilgermission St. Chrischona

[1] vgl. W. Th. Cleve »Die eine Kirche Jesu Christi in der Not verwirrenden Zwielichtes« (1964) Flugblatt mit Anhang »Offener Brief an die verantwortlichen Persönlichkeiten in der römisch-katholischen Kirche« von den Tagungen ehemaliger römischer Priester 1963.

[2] Jakob Schmitt: »Muß es noch deutlicher gesagt werden? Ökumene – Papst Paul VI. – Evangelische Kirche« in Der feste Grund Nr. 11 S. 6–13, 1968.

1968[1], A. Omenzetter 1972[2], Julius Roessle 1973[3], früher schon Heitmüller und Ringsdorff[4], Theophil Rehse 1970[5], öfter Jochums.[6]

Aber jetzt war mehr nötig: Ein Hirtenwort an die ganze evangelische Christenheit in Verantwortung für die in höchster Gefahr schwebende Gemeinde, getragen von der Bruderschaft der Hirten.

Im Drang der zusammengeballten Vielfalt der geistigen, moralischen und geistlichen Auseinandersetzungen und Kämpfe jener Jahre und der Notwendigkeit der inneren Verarbeitung der hier andringenden Probleme verzögerte sich solch ein gemeinsames Wort auf Jahre.

3. Das Hirtenwort der Sechs

Im Jahre 1972 vereinigte sich ein Kreis von Brüdern zu solch einem gemeinsamen Hirtenwort unter dem Titel: »Zusammenschluß der Kirchen?« Die Unterzeichner waren D. h. c. Wilhelm Jung, Siegen; Gemeinschaftsinspektor Fritz Hubmer, Hülben; Pastor August Spreen, Hüffen-Bünde; Pastor Sven Findeisen, Rüstzentrum Krelingen; Pastor Erhard Störmer, Hilchenbach, und Pastor Hellmuth Frey, Bethel. Die TELOS-Verlage übernahmen Druck und Verbreitung. Der Herr legte seinen Segen

[1] vgl.: »Der feste Grund« 1968.

[2] A. Omenzetter: »Alarm um die evangelische Gemeinde der Reformation« 30.–32. Tausend 1972.

[3] vgl.: Julius Roessle: »Unsere Stellung zur katholischen Kirche« Sonderdruck aus Der feste Grund 1973.

[4] mündlich und schriftlich – vgl. heute die Artikel-Serie »Ökumene – Wege der Kirchen zueinander« F. W. Ringsdorff in Durchblick und Dienst 1974 I ff.

[5] vgl. Th. Rehse »Ökumene auf dem Wege zur Weltkirche« 1970. 1971, 3. Aufl.

[6] H. Jochums »Das Ende des Protestantismus« 1973, 140. Tausend und »Unsere Stellung zur römischen Kirche« in Der feste Grund Nr. 5 – 1974.

darauf. Eine zweite Auflage wurde schnell nötig. Ein gläubiger Katholik übersandte die Schrift auch dem Papst.

Hier einige Worte zum Inhalt: 1. Wir gingen von der aufgebrochenen Sehnsucht nach Einheit aus. – 2. Von hier aus zeigten wir der Gemeinde, daß die Ärgernisse, die zur Spaltung führten, auf römischer Seite nicht weggeräumt, sondern vertieft wurden. Das veranschaulichte sich an Papst- und Mariendogma, Lehre von der Überlieferung als zweiter Offenbarungsquelle und von der Rechtfertigung aus Gnaden *und* Werken, Festhalten an Ablaß, Bußsakrament, Salbung und Verdienstlichkeit von Werken. – 3. Anschließend machten wir den Unterschied deutlich zwischen Einheit, die vom Menschen her hergestellt werden soll, und Einheit, die von Gott her hergestellt *ist* am Kreuz, und zeigten Schuldhaftigkeit eines Strebens nach Einheit vom Menschen her auf Kosten der Wahrheit auf. – 4. Wir fragten die Gemeinde, ob ihr Suchen nach Einheit dem Verlangen entspringt, das die Menschheit zum Turmbau trieb, oder der Einverleibung mit allen Gläubigen in den einen Leib Christi durch die Wiedergeburt im Heiligen Geist. – 5. An dieser Stelle legten wir ein Bekenntnis des eigenen Abfalls der evangelischen Kirche von ihrer Grundlage ab. – 6. Darauf entfalteten wir an Hand des Epheserbriefes und des Hohepriesterlichen Gebetes in Kürze, was es um die wahre Einheit der Christen in Jesus ist. – 7. Abschließend luden wir die Brüder drüben ein, mit uns auf das Offenbarwerden der heute noch unsichtbaren Einheit der Christenheit bei der Wiederkunft des Herrn zu warten, und uns am Tisch des Herrn am Vorgeschmack dieser Einheit zu stärken.

Gott sei gedankt dafür, daß trotz der geringen Zahl der Unterschriften unter diesem Hirtenbrief die glaubende Gemeinde das Wort bis ins Ausland hinein gehört hat.

V. Weitere Zuspitzung

Nur zu bald zwang uns ein Ereignis in unserem Raum zum zweiten Mal, jetzt nicht zu warnen, sondern zu protestieren. Um es zu verstehen, müssen wir es im Rahmen der Gesamtentwicklung sehen.

1. Die päpstliche Wendung zur Welt

Daher ein Blick auf die weitere nachkonziliare Entwicklung. Zur Symbolfigur des Konzils war nach dem Tode Johannes XXIII. sein Nachfolger Paul VI. geworden. Mit eingewurzeltem Herkommen brechend, trat er in bewußter Fortsetzung des erzielten ökumenischen Einbruchs in die geistige Verfassung der Welt – auch mit seiner Person – aus der Einkapselung heraus. Er eröffnete durch seine Reisen einen weltweiten Feldzug von großangelegten, durch Television über alle Völker ausgestrahlten Demonstrationen der Weltgeltung der römischen Kirche und ihres Hauptes. Tendenz und Wirkung dieses Feldzuges rückten besonders in dreien seiner Auftritte ans Licht: im Heiligen Lande, im indischen Bombay und in New York im Palast der Vereinten Nationen, in Entgegennahme der Huldigung der Vertreter aller Völker, von dem ihm hingesetzten Thronsessel aus. Beim Erblicken seines ausgestrahlten Bildes auf dem Bildschirm erhob sich eine gelähmte Frau geheilt von ihrem Lager. Welche Symbolik!

Jean Guitton, Professor an der Sorbonne, Verfasser eines achtbändigen Werkes: »Das moderne Denken und der Katholizismus«, Mitglied der Akademie Francaise, Träger des Grand Prix de Literature, als erster Laie mit einer Einladung zum Ökumenischen Bischofskonzil ausgezeichnet, und endlich persönlicher Freund Montinis – deutet in einem vom Papst genehmigten und von Kardinal König aus Wien eingeleiteten Buch diesen Demonstrationsfeldzug – als »Prophetie«. Im Gegensatz zur Sprache, welche vor dem Unaussprechlichen versagt, und zum Schweigen, das stumm bleibt, – bediene sich Prophetie der symbolischen Geste, wie es durch die alttestamentlichen Propheten und in den großen Ereignissen des Lebens Jesu bis zu seinem Tode geschah.

»In solch zeichensetzender Prophetie hat Papst Paul« (ich zitiere Guitton) »nach langer Überlegung, nach verborgener, umsichtiger Vorbereitung, ohne Hast, bis auf die Minute genau vorausgeplant, der Erde diese drei Zeichen eingeprägt: Jerusalem, Bombay, New York« (S. 46, vgl. S. 42). Diese Zeichen (ich referiere Guitton jetzt dem Sinne nach) stellten seine Vater- und Stellvertreterfigur in den großen Zusammenhang mit der Vergangenheit, das heißt mit der Offenbarung Gottes in seinem Heiligen Lande; – und in den Zusammenhang mit der Zukunft im frommen Lande der Sanftmut, Demut und Mystik (Indien), in dem wie in keinem anderen »die Seligkeiten der Bergpredigt einst gelebt werden können . . . von einem ganzen Volke«; – und endlich in den Zusammenhang mit der Gegenwart, in die Mitte der Vertreter der Nationen, auf deren Einladung der Bischof von Rom »zwanzig Jahrhunderte gewartet« hatte. Nun sah er die Erfüllung.[1]

Zur Frage Guittons, ob der Papst richtig handelte, »als er zur UNO ging«, »ob die Kirche nicht falsche Wege einschlage, wenn sie den Traum von weltlicher Macht in demokratischer Form wieder aufnehme – für ein neues Christentum, verschieden von jenem des Mittelalters oder des Heiligen Römischen Reiches, im Grunde aber doch mit ihm identisch . . .«, antwortet der Papst:

[1] Jean Guitton »Dialog mit Paul VI.« Fischer 966, 1967, S. 46. 37. 48. 37, vgl. 38. 41. 42.

»Die berechtigten Fragen, die auch ich mir gestellt hatte, verloren, von einem höheren und einfacheren Standpunkt aus gesehen, alle ihre beunruhigende Schärfe und reduzierten sich auf die eine: welches ist meine Aufgabe als Führer der Menschheit und Stellvertreter Jesu Christi im jetzigen Augenblick, dem einzigen, in welchem sich das Unendliche ins Endliche verkürzt wie in der Hostie?«[1]

An anderer Stelle äußert Paul VI.: »Wenn der Papst eine Gegend, einen Ort, ein Volk, eine Nation, einen Punkt im Raum wählt, sollte er sich über diesen Punkt erheben und ihn so aufsuchen wie Christus ihn besucht hätte. Die Worte des Papstes unterscheiden sich von denen eines Staatschefs . . . Was immer er tut, wo immer er ist, stets spricht er als universaler Vater. Das fühlt auch das Volk, das ihn empfängt . . .«[2]

»Das Bewußtsein, Vater zu sein, erfüllt Herz und Geist und verläßt mich zu keiner Stunde des Tages. Es nimmt nicht ab, sondern vertieft sich noch, weil die Zahl der Kinder wächst; es wächst an und läßt sich auf niemanden übertragen. Es ist so stark und so unbemerkt wie das Leben selbst, das erst im Tode erlischt . . . Diese Vaterschaft ist allumfassend und erstreckt sich auf alle Menschen. Ich spüre sie mir entströmen in konzentrischen Kreisen, weit über die sichtbaren Grenzen der Kirche hinaus. Ich fühle mich als Vater der gesamten Menschenfamilie. Selbst, wenn die Kinder den Vater gar nicht kennen, ist er's trotzdem . . .«[3]

Solch ein unheimliches Größen-Bewußtsein, eines die Welt umfassenden Ökumenismus, der durch die metaphysische Figur des Vertreters von oben her hergestellt

[1] a. a. O. S. 42.
[2] a. a. O. S. 48.
[3] a. a. O. S. 32/33.

wird, überträgt sich vom Papst auf seine Verehrer. So kann Guitton von der Wirkung dieses päpstlichen Demonstrationsfeldzuges und dessen prophetischer Zeichensetzung sagen:

»Jerusalem und Galiläa können nicht mehr auf die gleiche Art besucht werden, seitdem sie der Stellvertreter besucht hat . . . ich spüre, daß es nicht mehr dieselbe Landschaft ist, einfach deshalb, weil sie sich in diesen Augen gespiegelt hat.«[1]

Man bedenke, daß solch ein Wort mit Genehmigung des Papstes und eines Kardinals, mit dem »Imprimatur« der Kirche versehen, den Weg in die Öffentlichkeit antrat.

Die Öffnung Roms zur Welt in päpstlichen Stellungnahmen zu allen Weltfragen sowie in seiner Weltdiplomatie im Gespräch mit den kapitalistischen und atheistischen Supermächten[2], kann hier übergangen werden. An diesem Ort sollte nur der Blick auf das Denken der katholischen Kirche und ihres Hauptes in weltweiten, imperialen, römischen Perspektiven geworfen werden, in die auch unsere Heimkehrsehnsucht, ob wir wollen oder nicht, eingeordnet ist.

2. Die Öffnung der Ökumenischen Bewegung zur Welt hin

Neben dieser Öffnung Roms vollzog sich in immer schnellerem Tempo die Orientierung der Ökumenischen Bewegung zur Welt und ihren Religionen hin. Marksteine auf dem Wege waren Uppsala, Addis-Abeba und Bangkok. Sie reichten von der Inblicknahme der Vision einer neuen Weltmission auf dem Wege des wirtschaftlichen

[1] a. a. O. S. 46 Mitte.

[2] vgl. Paul VI. »Wort und Schrift Ansprachen, Briefe und Dokumente«, 1966.

und sozialen Engagements, des Kampfes um Befreiung der Unterdrückten und Änderung der Weltverhältnisse (Uppsala) – bis zum Programm der Auferweckung des schlafenden Christus in den Weltreligionen (Addis-Abeba), ja, bis zum Versuch, Menschen aus verschiedenen Welten nicht allein durchs Evangelium, sondern durch Gruppendynamik einander zu nähern, vom Menschen her Mauern zwischen Völkern und Kirchen abzutragen (Bangkok). Nebeneinher gingen erstmalig gemeinsame Rüstzeiten für Vertreter der Weltreligionen mit im Wechsel von Buddhisten, Christen und Mohammedanern gehaltenen Andachten sowie ein gemeinsamer Gottesdienst im Genfer Münster und eine enthusiastische Begrüßungsbotschaft des Generalsekretärs des Weltkirchenrates Dr. Blake an die Vertreter der Religionen auf dem Kongreß des Vereins für Weltversöhnung in Genf. Die Verlagerung des Auftrages der Kirche von der Ausrichtung der Botschaft der Versöhnung auf die Aufgabe der sozialen Weltveränderung erhielt mit dieser Öffnung für die Weltreligionen ihre Krönung.

Die Bücher und Vorträge von Professor Peter Beyerhaus, Professor Winterhager, Rolf Scheffbuch u. a. haben die Brisanz des Themas Ökumene unserer bibelgläubigen Christenheit zum Bewußtsein gebracht. Diese Öffnung zur Welt fiel – das wurde bisher zu wenig beachtet – zusammen mit dem Aufgehen der Tür zwischen Ökumene und Papstkirche, um deretwillen der Prior von Taizé sich so begeistert für die Ökumene einsetzte, in gleicher Weise, wie später Präses Thimme Widerstand gegen die Annäherung zum Widerstand gegen den Heiligen Geist erklärte.

3. Die Kooperation mit Rom von seiten der evangelischen Kirche

Die oben genannten Warnungen erreichten wohl hauptsächlich die pietistischen Kreise. Aufs Ganze gesehen glich, was bisher zur Warnung getan werden konnte, dem Ausgießen einer Nußschale mit Milch in den salzigen Weltozean. Der Trend nach Rom ging nicht nur weiter, sondern verfestigte sich auch mancherorts zur Institutionalität. In drei Kreisen bewegte sich die Ausstrahlung.

a) Die mit dem Konzil eingeleitete *Gemeinschaft in der Verkündigung* nahm ihren Fortgang in gemeinsamen Auftritten von evangelischen und katholischen Kirchenführern zu besonderen Anlässen, die zum Teil zu machtvollen ökumenischen Demonstrationen führten, ebenso wie auf Gemeindeebene in evangelisch-katholischen Gottesdiensten, Bibelwochen, Bibelstunden, Pfarrkonventen und sonstigen Gemeindeveranstaltungen.

b) Die neuentdeckte Zusammengehörigkeit schlug sich auch *literarisch* nieder, zum Beispiel in einem gemeinsamen Präparationsheft für die Bibelwoche, einem gemeinsamen Andachtsbuch für alle Tage des Jahres, einer ersten gemeinsamen evangelisch-katholischen Dogmatik, in der Abfassung eines gemeinsamen Textes des Vater-Unsers und des Apostolicums, eines gemeinsamen Gesang- und Gebetbuches für Schulen in Nordrhein-Westfalen, einem Arbeitspapier über den ökumenischen Dialog 1967, das von Experten des Einheitssekretariats und des Weltkirchenrates gemeinsam erstellt wurde, und einer Instruktion des römischen Einheitssekretariates über den ökumenischen Dialog, die obiges Papier verarbeitete, 1970. In Bayern kam es zur anfangs von den Kirchen befürworteten – aber dann von Rom zurückgepfiffenen – Einführung fakultativen gemeinsamen römisch-evangelischen Religionsunterrichtes in der obersten Gymnasialklasse. Die evangelische Kirchenleitung bedauerte sein Scheitern nach zweijährigem Bestehen.

c) Damit sind wir im Bereich *organisierter Zusammenarbeit* angekommen. Sie umfaßt Zusammenschlüsse zur Vertretung gemeinsamer Anliegen gegenüber dem Staat, wie z. B. zwischen den römischen Bischöfen von fünf Diözesen und den Präsides der drei evangelischen Landeskirchen Nordrhein-Westfalens; – Errichtung eines ökumenischen Kontaktkreises zwischen der Evangelischen Landeskirche im Rheinland und dem katholischen Bistum in Essen, einer ständigen Kontaktstelle beim Vatikan durch die protestantische Ordensgemeinschaft von Taizé 1972, wie einer solchen zwischen dem Rat der EKiD und Rom. Längst vorher hatte Johannes XXIII. das römische Einheitssekretariat mit seinen theologischen Studienkommissionen geschaffen.

Die geistige Mauer zwischen den Konfessionen war oder schien eingerissen. Begonnen hatte, teils zaghaft, teils stürmischer, der Versuch, die geöffnete Grenze zu überschreiten. Die öffentliche Meinung war auf Zusammenschluß ausgerichtet. Neu war auf evangelischer Seite, auch unter Pfarrern, eine Öffnung für die Notwendigkeit der Institution des Papsttums, für die Herstellung und Aufrechterhaltung der Einheit, wenn dieselbe – von Einzelstimmen abgesehen – im allgemeinen auch noch im Verborgenen geschah.[1]

[1] vgl. die Verteidigung der Unfehlbarkeit des Papstes gegen Hans Küng durch den evangelischen Pfarrer W. Krückeberg: »Unfehlbar« in Bausteine für die Einheit der Christen 46. Heft 1972, S. 11–16.

VI. Der römisch-evangelische Vorstoß der Kirchenleitungen Nordrhein-Westfalens

1. Die Übergabe eines gemeinsamen Wortes an die Öffentlichkeit durch die Kirchenführer

In diese Situation brach ein für unseren Raum alarmierendes Ereignis. Am 5. März 1973 übergaben auf einer Pressekonferenz Bischof Tenhumberg und Präses Thimme, die obersten Hirten der beiden Kirchen Nordrhein-Westfalens, der Öffentlichkeit eine gemeinsame Denkschrift. Sie nannten sie zwar bescheiden nur »Arbeits-« oder »Diskussionspapier«. Sie wurde aber von der Presse zum Teil groß als erstes offizielles Bekenntnis der beiden »offiziell getrennten« Kirchen zur Wiedervereinigung als Ziel erklärt, ja, als anfangsweises oder stückweises sichtbares Abrücken des Steines von der Grabestür der kirchlichen Einheit gedeutet. Der katholische Bischof wollte »das Papier in den Gesamtrahmen einer Zukunftsvision gestellt« sehen. Der evangelische Präses hob die »zeichenhafte« Bedeutung des Dokumentes als eines »regionalen Ereignisses« hervor, »das vielleicht einmal ein exemplarisches Ereignis werde«.

Aber noch mehr als die Begleitumstände und Kommentare war der Inhalt des Papieres sensationell. Begleitet von Ermahnungen zur Nüchternheit, erklärten die Kirchenführer den Aufbruch der ökumenischen Bewegung der Kirchen aufeinander zu für *»unaufhaltsam«*, weil Werk des Heiligen Geistes, und jeden Widerstand für Widerstand gegen Gottes Willen und Geist. Durch diese inhaltliche Füllung wurde die als Arbeitspapier ausgegebene Denkschrift zu einem in die Entscheidung stellenden Aufruf.

2. Der Inhalt

Im ersten der sechs Abschnitte wurde unter der Überschrift »Der Ausgang« die Ökumenische Bewegung im oben erläuterten Sinne zur Stimme des »Willens des Geistes Gottes« erklärt, dem wir »Raum zu geben haben«. »An uns ist es«, heißt es wörtlich, »dem Geist Gottes nicht entgegenzuwirken, sondern unser Verhalten seinem Walten unterzuordnen« (I).

In Absatz II »Das Ziel« wurde »die Überwindung der Trennung« zum Ziel proklamiert, das zwar nur durch den Geist Gottes verwirklicht werden könne, aber von uns »kleine Schritte« aufeinander zu verlange, das heiße nicht nur Verheißung für die Zukunft, sondern auch Gabe und Aufgabe für die Gegenwart bedeute im Lernen voneinander (II).

Der Absatz III »Gemeinsamkeiten« konstatiert Auflokkerung und teilweisen Abbau verfestigter Abgrenzungen. Er bekennt die als Voraussetzung notwendige Gemeinsamkeit in Lehre und Bekenntnis als bereits vorgegeben, nicht nur in den altkirchlichen Bekenntnissen, sondern auch in den solis, um die es nach unserer Auffassung in der Reformation ging, dem solus Christus, sola gratia, sola scriptura (allein Christus, allein die Gnade, allein die Schrift). »Mit diesen Gemeinsamkeiten in Bekenntnis und Lehre«, heißt es wörtlich, »ist die Grundlage und die Legitimation der vielfältig praktizierten Gemeinschaft gegeben.« – »Der Weg in die Zukunft darf daraufhin gewagt werden« (III).

Der Abschnitt IV »Unterschiedlichkeiten im Amts- und Eucharistieverständnis« behandelt diese bloß nach dem immer gleichbleibenden Schema: »Gemeinsame Voraussetzungen«, »verschiedene Ausprägungen« und »fruchtbare Kontroversen«. Einander ausschließende Gegensätze werden überhaupt nicht ins Auge gefaßt. Anerkannte Unterschiede geben bloß Stoff zum positiven Dialog. Die großen Ärgernisse: Primat und Unfehlbarkeit des Papstes, Marienvergottung und -anbetung, die Unterschiedlichkeit im Zentrum der Rechtfertigungslehre, Ablaß, Bußsakrament und Krankensalbung oder letzte Ölung, das Verhältnis von Schrift, Tradition und Lehramt usw. werden stillschweigend beiseitegelassen (IV).

Der Abschnitt V »Mögliche Folgerungen« steckt den gegebenen Rahmen der Zusammenarbeit ganz weit ab unter Einbeziehung der gesamten Wortverkündigung neben Erleichterungen im Modus der Trauung konfessionsverschiedener Ehegatten (V).

Der Abschnitt VI »Ausblick« beschließt das »Arbeitspapier« mit erneutem Hinweis auf Gottes Geist als treibende Kraft hinter der ökumenischen Entwicklung und fordert auf zur Erprobung der vorgeschlagenen Wege der Zusammenarbeit an einer allmählichen Überwindung der Trennung und gibt Themen für den Dialog an (VI).

3. Das Echo unter den Gläubigen

Nach allem Vorangegangenen mußte das Hervortreten der Kirchenführer mit dieser Botschaft wie das Tüpflein auf das i wirken. Ich kann hier nur von der Reaktion bei uns in Ost-Westfalen berichten.

a) Als erstes gingen aus unseren Kreisen *private Briefe* ab, die, in Variationen, *den Präses* baten, von diesem Papier abzurücken, oder ihm die Bedenklichkeit seines Programmes vor Augen rückten.

b) Als zweites richteten *Eingaben mit Unterschriften an den Vorstand der Bekenntnisbewegung* die Bitte um offizielle Stellungnahme zu dieser Botschaft der Kirchenführer, bzw. um Schritte bei der Landeskirchenleitung. Die Eingabe aus Bethel und Bielefeld trug über dreißig Unterschriften. Der Vorsitzende bestätigte den Empfang und sagte die Weiterleitung zu. Es fanden Gespräche zwischen Bekenntnisbewegung und Kirchenleitung statt.

c) Als drittes befaßte sich der *Bruderrat des Westfälischen Gemeinschaftsverbandes* mehrfach mit der Angelegenheit und verabschiedete eine *Denkschrift an die Adresse des Landeskirchenamtes,* die Pastor A. Spreen einreichte. Diese ausführliche Bearbeitung des »Arbeitspapieres« der Kirchenleitungen stellt zunächst kurz die Ereignisse, die den Anlaß gaben, dar, gibt dann eine ausführliche Analyse des Arbeitspapiers und endlich eine ebenso ausführliche kritische Stellungnahme und schließt mit einem zusammenfassenden Protest. Uns interessieren hier die kritische Stellungnahme und der Protest.

VII. Die Denkschrift des Gemeinschaftsverbandes und ihre Folgen

1. Die Anliegen der Denkschrift

Der Bruderrat weist I. auf den schwärmerischen Ausgangspunkt des Arbeitspapieres hin, in dem von einer Bewegung in der Geschichte aus, statt aus der Heiligen Schrift allein, der Wille des Geistes Gottes abgelesen wird. – Lebt hier nicht deutsch-christliche Geschichtstheologie in neuer Verbrämung wieder auf? – Die Denkschrift bemängelt zu II. die Zweckentfremdung der aus dem Hohenpriesterlichen Gebet abgeleiteten Verheißung der Einheit im Glauben durch ihre Inanspruchnahme für den Zusammenschluß von Organisationen. Wenn dabei statt

Kapitulation Miteinbringung des je Besonderen von jeder Seite zugesagt wird, so bleibt dies illusionär angesichts des Anspruchs des römischen Lehramtes auf alleinige Kompetenz in Schriftauslegung und Lehrfragen und der unumstößlichen Sanktionierung der schwersten Irrlehren durch dasselbe. Das läßt nicht zu, die stillschweigende Überspielung der schwersten Anstöße in der Lehre durch das Arbeitspapier zu übersehen. – Zu III. »Gemeinsamkeiten« beanstandete das Wort der Gemeinschaften die unwahre Vereinnahmung der sola der Reformation für die katholische Kirche und ihre Proklamation zur vorgegebenen Grundlage der Einigung. – Zu IV. »Über Amt und Sakrament« bedauert die Antwort des Bruderrates, daß die Gegensätzlichkeit der katholischen Grundsatzunterscheidung zwischen Klerus und Laie zur evangelischen Lehre sowie der Widerspruch der katholischen Lehre von der Wiederholung des Opfers Christi unter materieller Verwandlung der Elemente auf Grund der Wandlungsgewalt des Priesters gegen die Bibel – verharmlost werde, zum bloßen Gegenstand fruchtbarer Kontroverse. – Zu V. wenden sich die Gemeinschaften gegen die Ausdehnung der Zusammenarbeit auf den ganzen Umfang der Verkündigung, ohne daß die Gegensätze in den Lehrfragen geklärt wären. – Die Denkschrift des Bruderrates moniert schließlich zu VI., daß die Verpflichtung der Kirche gegenüber dem Evangelium nur *neben* der Verpflichtung gegenüber »seiner Geschichte in der Kirche«, das heißt: gegenüber der Tradition, und neben der Verpflichtung gegenüber der »Führung des Heiligen Geistes«, das heißt für die Verfasser: gegenüber »der Ökumenischen Bewegung«, genannt wird, das heißt, daß die Schrift hier wiederum nicht zum alleinigen Maßstab gemacht wird.

Abschließend protestiert die Gemeinschaft gegen:

1. Orientierung an der geschichtlichen Stunde statt allein am Worte Gottes, 2. Verfälschung der am Kreuz gestifteten Einheit der Gläubigen im Heiligen Geist zum Zusammenschluß von Organisationen, 3. Zurückdrängung der in der Reformation uns als Kirche geschenkten Buße, 4. Ausklammerung der schweren Gegensätze in den Grundfragen des Glaubens, 5. Verharmlosung der vom Arbeitspapier anerkannten Unterschiede betreffend Amt und Sakrament, 6. Abwertung der Lehre gegenüber der Emotion, Zusammenarbeit auf Kosten der Wahrheit, 7. Erhebung der Ökumenischen Bewegung zur Stimme des Heiligen Geistes und Ächtung allen Widerstandes als Sünde.

Das Wort des Bruderrates schloß mit dem Bußruf »Zurück zum Wort« und mit der Warnung vor den antichristlichen Einbrüchen der Letztzeit. Die Brüder setzten dagegen das Bekenntnis zur Botschaft vom gekreuzigten, auferstandenen und wiederkommenden Herrn und das Geständnis der eigenen Versündigung darin, daß wir nicht aus dem Zentrum, das heißt aus der Rechtfertigung des Sünders aus Gnaden allein gelebt haben. Sie baten das Landeskirchenamt, sich mit der Gemeinde zur Buße zu bekennen und vom Arbeitspapier abzurücken.

2. Das Gespräch im Landeskirchenamt

Das Landeskirchenamt antwortete mit der Einladung zu einem Gespräch, das im Herbst '73 in Bielefeld stattfand zwischen Vertretern von beiden Seiten. Es verlief brüderlich, aber ergebnislos. Die Ablehnung der »Wiederholung von Formeln von gestern« durch das Landeskirchenamt schnitt von vornherein den Ausgang von der Reformation ab. Auch die Denkschrift des Bruderrates blieb als Gesprächsgrundlage beiseite. Man ließ sich mehr vom

Zufall leiten. Viel Zeit beanspruchte der Versuch von seiten der Kirchenleitung, nachzuweisen, daß es sich in ihrem Schriftstück nicht um eine Denkschrift, sondern um ein bloßes Arbeitspapier gehandelt, und dieses nicht Wiedervereinigung, sondern bloß Zusammenarbeit angepeilt habe, daß von Geschichtstheologie darin keine Rede sei und daß unser Widerstand aus einer Unkenntnis Roms bzw. seiner tiefen Frömmigkeit ebenso wie der Ökumenischen Bewegung als ganzer – herrühre. Man fragte, seit wann solche antirömische und antipfingstliche Ressentiments in der Gemeinschaftsbewegung umgingen. Man versuchte, die Proklamation der Unabweisbarkeit der Stimme Gottes in der Ökumenischen Bewegung damit zu rechtfertigen, daß Gott neben seiner Sprache durchs Wort doch auch durch geschichtliche Ereignisse sprechen könne.

Erst gegen Ende – der Präses war schon weggerufen – kam es zum Eingeständnis, daß die Formulierungen im Arbeitspapier nicht geschickt gewesen wären (war doch hier von »Überwindung der Trennung« als Gebot »der Stunde« und Forderung Gottes die Rede).

Wir waren darüber erschrocken, daß hier Menschen aus zwei verschiedenen Welten in zwei verschiedenen Sprachen miteinander sprachen. Bei brüderlichem Bemühen auch auf der anderen Seite fehlte doch das Organ für das, was uns beunruhigte.

3. Das Fazit und die Frage an den Westfälischen Arbeitskreis

Nach einem unsererseits tiefbetrübten Auseinandergehen faßte Pastor A. Spreen in einem Brief an den Präses unsere Eindrücke vom Ergebnis zusammen und teilte mit, daß uns nun unsere Wächterpflicht direkt an die Gemeinde weise. Der Präses antwortete mit der Bitte und Warnung, auch um unseretwillen, das Gespräch mit dem Landeskirchenamt nicht abreißen zu lassen.

Die Entwicklung rollte und rollt inzwischen in der angekurbelten Richtung weiter. Unsere Frage ist, welche Schlußfolgerungen dieser Kampf von unserer Seite als Bekenntnisbewegung verlangt. Der zweite Vortrag soll die grundsätzliche Auseinandersetzung bringen.

Zweiter Vortrag:

Hat sich in Rom etwas grundsätzlich geändert?

Analyse der letzten Konzilsbeschlüsse

Von welcher Seite her läßt sich die augenblickliche Gesamtverfassung Roms sowie die Ausrichtung seines nach vorne gewendeten Entwicklungsgefälles in den Blick bekommen?

Oft hört man die Meinung, die konservative Haltung der Kurie und die festgelegte Lehre Roms seien bedeutungslos, – diese riesige Kirche sei in einer gewaltigen Bewegung begriffen, deren Ziel noch nicht abzusehen sei. Es wird auch auf die Freigabe der Bibellektüre an die Laien verwiesen. Solch eine Auffassung übersieht aber, daß der Katholizismus ein totalitäres System ist, das von einer ideologischen Wurzel her bestimmt wird, unter dem Gesetz, unter dem es angetreten ist, seinen Lauf zu vollenden.

Jeder wird die augenblickliche Lage dieser Kirche von seinen eigenen Studien oder persönlichen Berührungen her beurteilen, das heißt aus seiner Erfahrung, die subjektiv ist. Vom oben gezeigten Ansatz her bleibt, wenn man ein objektives Bild gewinnen will, nur übrig, die offiziellen Dokumente zu studieren, in denen das Ökumenische (Zweite Vatikanische) Konzil der Bischöfe aus aller Welt in Gemeinschaft mit dem Papst und in Übereinstimmung mit dem überkommenen Grundgesetz der römischen Kirche den Kurs der Kirche neuerlich wieder festgelegt hat.

Ich greife zu unserer Frage vier Kapitel aus der Konstitution des Zweiten Vaticanums über die Kirche heraus, danach die Konstitution über die Offenbarung, das Dekret über den Ökumenismus und die unveränderte Definition des Tridentinums zur Rechtfertigungslehre.

I. Das Mysterium der Kirche

Die Konstitution über die Kirche behandelt 1. Das Mysterium der Kirche, – 2. Das Volk Gottes, – 3. Die hierarchische Verfassung der Kirche, – 4. Die Laien, – 5. Die allgemeine Berufung zur Heiligkeit, – 6. Die Ordensleute, – 7. Den endzeitlichen Charakter der pilgernden Kirche und ihre Einheit mit der himmlischen, – 8. Die selige, jungfräuliche Gottesmutter im Geheimnis Christi und der Kirche.

Mit besonderer Spannung konnte dem ersten Kapitel vom »Mysterium der Kirche« entgegengesehen werden – war doch ein Ringen zwischen zwei Richtungen in der katholischen Theologie voraufgegangen, zwischen der mystischen »Leib-Christi-Theologie« und der juridischen Konzeption der »Societas perfecta«, repräsentiert durch die Namen Adam und Koster. Pius XII. hatte durch die Enzyklika »Mystici Corporis« den Kampf geschlichtet durch die Rezeption der ersteren in die letztere. War damit der ersteren der Herzmuskel gelähmt worden? Würde das Konzil den Lebensfaden der ersteren wieder aufnehmen? Deutete die Voranstellung des Kapitels vom Mysterium der Kirche an die Spitze der Kirchenkonstitution in diese Richtung?

Das Kapitel entfaltet in acht Artikeln 1. Christus als Licht der Welt, das Zeugnis vom Licht – Auftrag der Kirche, –

2. Erwählung und Zusammenschluß der Gläubigen in der Kirche zur Gleichgestaltung mit Christus, – 3. Gegenwart und Sichtbarwerden des Reiches Gottes im Mysterium der Kirche und ständiger Vollzug des Erlösungswerkes in ihrer Mitte durch die Eucharistie, – 4. Einwohnung Christi in der Kirche und deren fortdauernde Heiligung und endliche Vollendung durch den Heiligen Geist, – 5. Beauftragung der Kirche durch den Gekreuzigten und Auferstandenen mit der Erleuchtung der Welt mit der Gegenwart des Reiches Gottes, das in seiner Person offenbar wird, – 6. Biblische Beschreibung ihres Geheimnisses in den Bildern des Schafstalles, der Herde, der Pflanzung, des Ackers, des Weingartens, des Bauwerkes, des Tempels, der Stadt und der Braut, – in Bildern, in denen Christus Subjekt und Mitte ist und die offenbare Vereinigung mit ihm in der Herrlichkeit das Ziel, – 7. Die Kirche als mystischer Leib Christi, dessen mannigfaltige Glieder durch die sakramentale Vereinigung mit ihm, dem Haupt, in Taufe und Abendmahl schon jetzt ins Mysterium seines Sterbens und seiner Auferstehung aufgenommen sind und ihm gleichgestaltet werden und einst an seiner Herrlichkeit beteiligt werden sollen durch den einen Geist, der in Haupt und Gliedern wirkt.

Könnten Wesen, Aufgabe und Ziel der Kirche christozentrischer definiert werden? Und doch zeigt sich sogleich die Fortführung der Linie des Tridentinums und ersten Vaticanums und der Enzyklika »Mystici corporis«. Deutlich tritt das im achten Artikel hervor. Hier wird zunächst mit Recht die Untrennbarkeit des mystischen Leibes Christi oder der geistlichen Gemeinschaft von der sichtbaren Versammlung erklärt nach Analogie der Einheit der göttlichen mit der menschlichen Natur Christi. Die irdische Kirche wird zum Heilsorgan des Geistes Christi deklariert. Dann aber wird in ganzer Folgenschwere die sichtbare Versammlung oder irdische Kirche als hierarchisch organisierte Gesellschaft definiert und mit der römischen Kirche unter Petrus bzw. seinem Stellvertreter als Haupt identifiziert.

Zwar wurde nach langem Streit diese Verengung scheinbar etwas geöffnet, indem man das »ist« (»est«) im Sinne: die wahre Kirche ist die römische – ersetzte durch »ist verwirklicht« (»subsistit«) im Sinne von: ist verwirklicht in der römischen Kirche. Ja, noch mehr: die Konstitution stellte Elemente der wahren Kirche auch außerhalb der römischen in den anderen Kirchen fest, und man fügte zu diesen anfangs auf die »Heiligung« beschränkten, noch Elemente der »Wahrheit« hinzu (das heißt zur Frömmigkeit auch Lehre). Aber es blieb bei bloßen Elementen, und der Satz endigt mit dem Hinweis, daß auch diese auf die römische Kirche hingeordnet seien und auf die katholische Einheit hindrängten (Rahner/Vorgrimmler »Kleines Konzilskompendium«, 7. Aufl. 1971, S. 131). An anderer Stelle heißt es, daß sie »rechtens« oder »de jure« zur einzigen Kirche »gehören« (Oek. I 3 a. a. O. S. 232). Die einzige ist aber nach dem Zusammenhang die römische Kirche.

So ist nicht nur die geistliche Gemeinschaft mit der organisierten Gesellschaft unzertrennlich zur Einheit vereinigt, sondern sie ist auch mit der Papstkirche identifiziert. Was sich in anderen Kirchen an Wirkungen Christi findet, ist auf die Papstkirche zurückgeführt oder hinbezogen. *Sie* ist die wahre, unfehlbare. Sie bedarf zwar im Gegensatz zur Sündlosigkeit Christi ständig der Reinigung und geht den Weg der Buße und Erneuerung und verkündigt das Kreuz bis zur Wiederkunft des Herrn. Aber Lehre und hierarchischer Aufbau sind aus der Verpflichtung zur

Buße, Reinigung und Erneuerung ausgeklammert. Wo Schuld bekannt wird, bezieht sie sich auf Versagen der Glieder in Frömmigkeit und Liebe.

Aber auch schon im dritten und siebenten Artikel dieses Kapitels scheint die Verdinglichung der Verbindung mit Christus zur sakramentalen Vereinigung mittelst der sakramentlichen Opferhandlung hindurch. Sein Erlösungswerk wird aus der Einmaligkeit und Abgeschlossenheit in den dauernd sich wiederholenden Vollzug – von Golgatha in den Schoß der Kirche – aus der Hand Christi in die Verfügungsgewalt des Priesters bzw. der Kirche herabgeholt. Das Erlösungswerk vollzieht sich ständig inmitten der Kirche durch die Eucharistie, das heißt aber für den römischen Glauben: lediglich durch die Hand der Kirche, bzw. ihres Priesters.

II. Das Volk Gottes

Das zweite Kapitel vom »Volke Gottes« zeigt uns dasselbe Bild. In seinen neun Artikeln entfaltet es 1. (A 9) Gottes Plan, die Menschen nicht einzeln, sondern in einem Volk aus Juden und Heiden zu retten, – 2. (A 10) die Weihe dieses Volkes zum Priestertum, das seinen Dienst zwiefach tut: im Amtspriestertum durch *Vollzug*, im »gemeinsamen« oder allgemeinen Priestertum durch *Empfang* der Sakramente und Zeugnis des Lebens, – 3. (A 11) Einsetzung und Ausübung des Priestertums durch die sieben Sakramente: Taufe, Firmung, Buße, Krankensalbung, Eucharistie, Weihesakrament und Ehesakrament, – 4. (A 12) Beteiligung des priesterlichen Volkes durch sein Zeugnis am prophetischen Amt Christi (bei Übereinstimmung mit seinen Bischöfen ist die Gesamtheit des priesterlichen Volkes unfehlbar), – 5. (A 13) die weltweite Adresse der Berufung in dieses Volk an die ganze Menschheit und die Konzentration des Zieles dieser Berufung auf die Einführung in die *eine* Kirche unter dem *einen* Haupt, das heißt auf die katholische Einheit im Papst, – 6. (A 14) *»Zugehörigkeit«* zum Gottesvolk, – sie gibt es allein für die katholisch Gläubigen, die im Besitz des Geistes, die ganze Ordnung der römischen Kirche annehmen und über Papst und Bischöfe im sichtbaren Verbande mit Christus stehen, – 7. (A 15) *»Verbundenheit«* – in einer solchen weiß sich die Kirche auch mit den andern Christusgläubigen, die zwar durch die Taufe des Christennamens teilhaftig sind, aber den vollkommenen Glauben nicht kennen oder die Einheit der Gemeinschaft unter dem Nachfolger Petri nicht wahren. Diese Verbundenheit gründet sich auf die Elemente des Glaubens in den andern Kirchen. Sie weist sich aus in Sehnsucht nach Einheit bei den Fernen, in der Fürbitte für sie, das heißt um ihre Heimführung, bei den Zugehörigen oder Eingegliederten, – 8. (A 16) *»Hinordnung«* auf das Gottesvolk, – sie besteht bei denen, die das Evangelium noch nicht empfangen haben. Das sind die *Juden*, die Bund, Gesetz und Verheißung besitzen, aber Christus nicht annahmen; die *Muslims*, die sich zum Glauben Abrahams bekennen, Gott, den Barmherzigen und Richter, ja, Christus als Propheten bekennen; die *Heiden*, die den unbekannten Gott suchen, seinem Anruf im Gewissen folgen, oder, ohne Anerkennung Gottes, ein rechtes Leben zu führen sich bemühen. Ihnen allen verweigert die Vorsehung nicht das zum Heil Notwendige. Was sich an »Gutem« und »Wahrem« bei ihnen findet, ist schon Gabe dessen, der jeden Menschen erleuchtet, das heißt Christi, und bereitet vor fürs Evangelium. Zwar wurden, vom Bösen getäuscht, die Menschen oft eitel in ihren Gedanken (bloß »oft«).

Aber der Rückweg steht ihnen offen, – 9. (A 17) Aufgabe der Mission ist dementsprechend Verkündigung des Evangeliums, Diakonie und Wirkung dahin, daß aller »Same des Guten«, der sich in Herz und Geist der Menschen oder in den eigenen Riten der Völker findet, nicht untergehe, sondern geheilt und zur Vollkommenheit geführt werde.

Das Bild ist das gleiche wie im ersten Kapitel. Gottes Heilsplan, Sendung des Volkes Gottes und Berufung zur katholischen Einheit sind weltweit gesehen, alle Menschen umfassend, die Katholiken, die der »heilsnotwendigen« Kirche eingegliedert sind, die anderen Christusgläubigen, die die Gemeinschaft mit der einzigen Kirche durch den Papst nicht haben, und alle Menschen, die berufen sind, auch wenn sie Gott nicht kennen oder nicht anerkennen.

Der Universalismus geht so weit, daß nicht nur Elemente der wahren Kirche bei den nichtkatholischen Kirchen anerkannt werden, sondern darüber hinaus auch bei den Juden, die Christus ablehnen, wie bei den Muslims, die Christus zum Propheten umfunktionieren – die *Anbetung desselben Gottes*, des Vaters Jesu Christi, und das Bekenntnis zum Glauben Abrahams vorausgesetzt wird. Es geht so weit, daß den Heiden, die Gott nicht kennen, aber suchen, wie auch denen, die ihn nicht anerkennen, aber ein rechtes Leben zu führen sich bemühen, Erleuchtung durch Christus zuerkannt wird und die Tür zum Heil offensteht. Es wird nicht scharf ausgesprochen, ob nur Erlösungsfähigkeit gemeint ist oder schon an erste Schritte auf dem Wege des Heils gedacht wird. Ja, der Mission wird aufgetragen, neben Evangelium und Diakonie das Gute, das noch in Herzen und Riten wohnt, zur Vollkommenheit zu führen.

Die Grenzen werden nicht nur zwischen den Kirchen, sondern auch zwischen Kirche und Welt, Erlösten und Verlorenen, und zwischen dem neuen und alten Menschen aufgelockert, die Grenzen der Ausstrahlung des Volkes Gottes ins Unendliche ausgedehnt. Verlorenheit und Verderbnis des gefallenen Menschen werden entsprechend der katholischen Erbsündenlehre, die keine völlige Verdorbenheit kennt, – aus der biblischen Absolutheit zur humanistischen Relativität abgeschwächt.

Aber parallel mit dieser Weltweite der Adresse geht die Enge nicht nur des Zieles, sondern auch des Kirchenverständnisses. Die päpstlich verfaßte katholische bleibt die einzige und heilsnotwendige Kirche. Annahme nicht nur ihrer *Lehre*, sondern auch ihrer ganzen *Ordnung* wird zum Merkmal der ihrem mystischen Leibe Volleingegliederten; – das Papsttum zum Zeichen der Einheit des wahren Gottesvolkes, ja Tür zu ihr, unentbehrliches Verbindungsglied mit Christus; – die Sakramente werden zu Werkzeugen der Eingliederung; Gnade und Erlösungswerk bleiben im Licht der Verdinglichung; Einladung und Einführung der Welt in diese Kirche und in dieses Volk ist Sendung und Auftrag des wahren Gottesvolkes.

Die Tiefe der biblischen Schau des Bösen und der Verlorenheit des Menschen ist verflacht und relativiert. Die Verschiebung des Sündenbegriffes in Richtung auf das Verhältnis des Menschen zur organisierten Kirche statt zum heiligen Gott und seinem Mittler Christus hin, wird deutlich in der Erklärung: »Nicht gerettet werden können, die um die Heilsnotwendigkeit der katholischen Kirche wissen und nicht in sie eintreten.« Nur die, welche auch die ganze Ordnung der katholischen Kirche annehmen und den Papst anerkennen, sind wahrhaft dem Leibe Christi zugehörig. Die Allgenügsamkeit und Ausschließlichkeit Christi und seines Erlösungswerkes rücken in den Hintergrund.

III. Die hierarchische Verfassung der Kirche

Das dritte Kapitel von der Hierarchie läßt das Ausgeführte besonders deutlich hervortreten. In seinen zwölf Artikeln behandelt es 1. (A 18) die Gründung der Kirche durch die Einsetzung des Apostolats und ihre Weiterführung durch das Episkopat unter dem Primat des Petrus bzw. seines Nachfolgers, des Papstes, dem »sichtbaren Prinzip« und »Fundament der Einheit«, – 2. (A 19) die Einsetzung des Apostolats im Speziellen, – 3. (A 20) die Fortsetzung des Apostolats im Episkopat und seinen Helfern, – 4. (A 21) die Anwesenheit und Wirksamkeit Christi in den durch besondere Geistausgießung geweihten Aposteln und ihren durch das Weihesakrament geweihten Nachfolgern, den Bischöfen, – 5. (A 22) die kollegiale Verfassung und Vollmacht des Episkopats in Abhängigkeit vom Bischof von Rom oder : die *päpstliche Primatsgewalt,* – 6. (A 23) das Papsttum als Prinzip und Fundament der Einheit auch unter den Teilkirchen (den katholischen Diözesen), – 7. (A 24) der Empfang der bischöflichen Sendung vom Herrn selber, ihre Ausübung aber in Abhängigkeit vom Papst, – 8. (A 25) die Unfehlbarkeit des kirchlichen Lehramtes und sein Anspruch auf religiösen Gehorsam des Willens und Verstandes aufgrund der Autorität des Papstes oder: das *Unfehlbarkeitsdogma,* – 9. (A 26) Verwaltung der Gnade des höchsten Priestertums in jeder Ortsgemeinde durch den sakramental geweihten Bischof in Verkündigung und Austeilung der Sakramente, besonders im Mysterium des Herrenmahles, dem Symbol der Einheit des mystischen Leibes, »ohne die es kein Heil geben kann«, – 10. (A 27) die Stellung der Bischöfe in den Teilkirchen nicht als Vertreter des Papstes, sondern als Stellvertreter Christi, aber in Unterordnung unter das päpstliche Amt, – 11. (A 28) das Amt der Priester oder Gehilfen der Bischöfe und seine Hauptaufgabe in der *Vergegenwärtigung* und *Zuwendung* des Opfers Christi in der Darbringung des Opfersakramentes, – 12. (A 29) das diakonische Amt, das »die Handauflegung nicht zum Priestertum, sondern zur Dienstleistung« empfangen hat.

Durch das Kapitel zieht sich die Aufwertung des Bischofsamtes unter *ängstlicher Wahrung* und Betonung *der Gültigkeit der Primatsgewalt* und *Unfehlbarkeit des Papstes,* die Grundlage und Grenze der bischöflichen Vollmacht ist.

Besonders deutlich tritt die katholische Verschiebung des Kirchenverständnisses in diesem Kapitel hervor. Zwar wird mit Recht gezeigt, daß Entstehung und Bestand der Kirche Christi nicht auf demokratischer Grundlage ruht, sondern auf dem Einsetzungs- und Berufungsprinzip. Es wird dargelegt, daß dem Heiligen Geiste bzw. Christus dabei die konstituierende Stellung gebührt, dem Apostolat aber von hier aus eine entscheidende Rolle zufällt, und daß von diesem Ansatz der Entstehung der Kirche her die Ämter in der Kirche auch heute nicht aus dem demokratischen Prinzip, sondern aus Berufung und geistlicher Vollmacht sich ableiten. Sie werden auch nach unserem Verständnis nach geistlichen Gesichtspunkten von der Gemeinde übertragen und von den Amtsträgern ausgeübt. Es wird dort wie bei uns hervorgehoben, daß dem Lehramt innerhalb der Ämter das entscheidende Gewicht gehört. Als Amt des Wortes bezeichnen es auch unsere Bekenntnisschriften als das Amt schlechthin. Es wird von der Konstitution zugestanden, daß aber auch allen Gläubigen

– wie auch wir lehren – das Amt des allgemeinen oder »gemeinsamen« Priestertums zugeeignet ist. Es tritt deutlich hervor, daß die Ämter an Christus den Dienst statt der Herrschaft zur Richtschnur haben, ebenso daß die Gemeinde und ihre Amtsträger vom Herrn die Verheißung haben, daß sein Geist sie in alle Wahrheit leiten wird, wenn sie sich demütig an sein Wort halten und sich im Gebet zu ihm wenden. Es wird bekannt, daß die Kirche als sein Leib *einer* ist durch ihr Haupt, Christus, und durch den *einen* Gott und Vater Christi, durch seinen Geist, sein Wort, sein Sakrament und durch den gemeinsamen Glauben. Es ist richtig, daß diese Einheit der Kirche Christi in jeder Gemeinde gegenwärtig und zugleich alle umgreifend ist, und daß ihre Amtsträger in Ausübung des Amtes der Versöhnung die Gemeinde an Christi statt ermahnen: »Laßt euch versöhnen mit Gott . . .« In dem allem sieht die Konstitution richtig.

Aber gleichzeitig durchzieht das ganze Kapitel eine Kette von fatalen Verschiebungen. Ich zähle auf: die Definierung des Unterschiedes zwischen Amtspriestertum und allgemeinem Priestertum als eines *wesenhaften* durchs Weihesakrament gesetzten, unverlierbaren Charakters; – die Einfangung des Waltens Christi im Heiligen Geist – in ein hierarchisches System der Succession und ein sakrales der Weihen; – der willkürliche Einbruch in die Einmaligkeit des Zwölferapostolates aus berufenen Augenzeugen – durch Inverfügungnahme seiner Vollmacht seitens des Episkopates; – die unbiblische Zurückprojizierung des monarchischen Episkopates in die Urgemeinde, die noch zu Pauli Zeiten Bischöfe und Älteste grundsätzlich auf eine Stufe stellt und mit der gleichen Verantwortung für das Weiden der Herde als Bischöfe betraut (Apg. 20, 17. 28). Auch die katholischen Briefe stellen noch die Bischöfe und Diakone einander gegenüber und nicht Bischöfe und Priester; – die ebenso willkürliche Mißachtung der Einmaligkeit der Stellung Petri und ihre Verfälschung zu einer päpstlichen Institution und ihre Verzerrung aus der des Seelsorgers seiner Brüder zu einer juristischen Primatsgewalt und dogmatischen Unfehlbarkeit; – Verzerrung des Amtes aus Berufung zum Dienst, trotz schöner Worte über Dienstbestimmung, zur Belehnung mit Herrschaft; – aus allem folgen Ansprüche auf besondere Ehrung für die Bischöfe und ihr Haupt als Vertreter Christi.

Ich muß noch weiter aufzählen: das Emporheben der Bischöfe zu Inhabern der Gewalt über die Kirche in Abhängigkeit von der sie tragenden Emporhebung des Papstes zum Träger der absoluten Gewalt über die Kirche und die Forderung des absoluten Gehorsams des Willens und Verstandes gegenüber Papsttum und Bischöfen, wenn die Bischöfe mit dem Papst zusammen etwas setzen; – ja, Forderung des religiösen Gehorsams des Willens und Verstandes gegenüber dem Papst *auch außerhalb seines Handelns in letzter Lehrautorität;* – die dem ganzen Neuen Testament fremde, in seinen Ämterlisten fehlende *Einführung des institutionellen Priesteramtes* aus dem Alten Testament in die neutestamentliche Gemeinde, die nur das allgemeine Priestertum der Gemeinde und aller Gläubigen kennt, dem das ewige, vollkommene Priestertum Christi gegenübersteht; – mit der Erfindung des Papstamtes, des monarchischen Bischofsamtes und des ebenfalls mit einem Charakter indelebilis (einen unzerstörbaren und unvergänglichen Charakter) versehenen Priesteramtes verbunden – die Erfindung der Siebenzahl der Sakramente und deren Erhebung zu dinglichen Heilsmitteln, verbunden mit opere operato (kraft ihres Vollzugs als solchem) wirkenden sakramentalen Handlungen, die

Papst, Bischöfe und Priester kraft des Weihe- oder Prägesakramentes und der von demselben verliehenen Wandlungsgewalt vollziehen oder vermitteln; – die damit verbundene Verdinglichung oder Sakramentalisierung der Gnade und der Vereinigung mit Christus von der Verfälschung des Herrenmahles zur vom Priester *kraft* seiner *Wandlungsgewalt vollzogenen unblutigen Wiederholung des Opfers Christi* bis zur Verwaltung der Verdienste Christi und der Heiligen von der Kirche durch ihre Hierarchie und deren selbstherrliche Zuteilung in Bußsakrament und Ablaß.

In all dem erscheint die Mittlerstellung der Kirche und ihrer Hierarchie, die die alleinige und allgenugsame Mittlerschaft Christi – entgegen allen anderslautenden Versicherungen – einengt und die Unmittelbarkeit des Glaubens zu Christus und durch Christus zu Gott aufhebt und die Abgeschlossenheit seines Versöhnungswerkes am Kreuz zunichte macht, die Einpflanzung ins persönliche Kindschaftsverhältnis zu Gott durch die Rechtfertigung im Glauben mißachtet und die persönliche Heilsgewißheit im Worte auflöst.

Das Resultat ist die Institutionalisierung der Kirche zugleich mit ihrer Romanisierung, Totalisierung und Verabsolutierung wie ihre Einschaltung ins Mittleramt Christi und sein Erlösungswerk. A. Nissiotis formuliert: »Der juridische Zentralismus begnügt sich nicht damit, den Platz Christi als einziges und absolutes Haupt aller Kirchen einzunehmen, sondern er zentralisiert auch die Erscheinung der Kirche in der ganzen Welt. Er macht aus der Kirche eine totalitäre Wirklichkeit . . . 3. Der jurisdiktionelle Zentralismus flößt der Kirche ein Verlangen nach zentralisierter Macht, nach absolut homogener Organisation ein. Daraus ergibt sich, daß die Kirche im Bewußtsein dieser Macht und ihrer materiellen Mittel unweigerlich eine heilige Oberherrschaft und eine Theokratie auf allen Lebensgebieten . . . ausübt.« (»Ökumenische Bewegung und Zweites Vatikanisches Konzil« in Kerygma und Dogma Heft 3, 1965, S. 212). Bischof Dietzfelbinger stellt fest, daß der Unterschied zwischen Christus und Kirche nivelliert wird.

Ich darf fortfahren: das Opfer Christi, sein Geist, seine Gegenwart, seine Gnade, seine Wirkung werden durch die Kirche in Verfügung genommen. Zugleich damit findet die Vergottung ihres Hauptes, des Papstes, statt, trotz aller gegenteiligen Versicherungen. Sie wird begleitet von der Verabsolutierung auch der bischöflichen Gewalt, von der Magisierung der priesterlichen. F. Viering spricht von der Vorordnung der *römischen Kirche* gegenüber den Sakramenten, dem Wort und dem Glauben und von ihrer Verabsolutierung gegenüber den anderen Kirchen im Gefolge der Enzyklika »mystici corporis« (vgl. F. Viering: »Christus und die Kirche in römisch-katholischer Sicht« 1962, S. 64 ff.), deren Linie im Zweiten Vatikanum fortgeführt wird.

Vollmacht, von der Verdinglichung der Sakramente und schließlich von der Erfindung eines neuen menschlich-himmlischen Mittlerwesens im Mariendogma. Alles gipfelt in diesem sowie in Primat und Unfehlbarkeit des Stellvertreters. Der Mensch nimmt wie im Heidentum Gottes Werk in seine Hand.

Vom Primat heißt es: »Das Kollegium oder die Körperschaft der Bischöfe hat aber nur Autorität, wenn das Kollegium verstanden wird in Gemeinschaft mit dem Bischof von Rom, dem Nachfolger Petri als seinem Haupt, und unbeschadet dessen primatialer Gewalt über alle Hirten und Gläubigen. Der Bischof von Rom hat nämlich kraft seines Amtes als Stellvertreter Christi und Hirt der ganzen Kirche volle, höchste und universale Gewalt über die Kirche und kann sie immer frei ausüben« (DKK Kap. 3 A 22 R.-V., S. 148/49).

Von der *Unfehlbarkeit* heißt es: »Dieser Unfehlbarkeit erfreut sich der Bischof von Rom, das Haupt des Bischofskollegiums, kraft seines Amtes, wenn er als oberster Hirt und Lehrer aller Christgläubigen, der seine Brüder im Glauben stärkt (vgl. Luk. 22, 32), eine Glaubens- oder Sittenlehre in einem endgültigen Akt verkündet. Daher heißen seine Definitionen mit Recht aus sich und nicht erst aufgrund der Zustimmung der Kirche unanfechtbar, da sie ja unter dem Beistand des Heiligen Geistes vorgebracht sind, der ihm im heiligen Petrus verheißen wurde.« (Auch dieser Beistand des Heiligen Geistes ist institutionalisiert in der Institution der Nachfolger Petri.) »Sie bedürfen daher keiner Bestätigung durch andere und dulden keine Berufung an ein anderes Urteil« (a. a. O. A 25 S., 153/54).

Aber nicht nur wie hier betont wird in endgültigen Lehrerklärungen fordert die Autorität des Papstes *völligen religiösen Gehorsam auch des Verstandes,* sondern *auch außerhalb* solcher Lehrerklärungen in letztgültiger Autorität: »Dieser religiöse Gehorsam des Willens und Verstandes ist in besonderer Weise dem authentischen Lehramt des Bischofs von Rom, auch wenn er nicht kraft höchster Lehrautorität spricht, zu leisten; nämlich so, daß sein oberstes Lehramt ehrfürchtig anerkannt und den von ihm vorgetragenen Urteilen aufrichtige Anhänglichkeit gezollt wird« (a. a. O. A 25, S. 152/53).

Aus der *Verheißung* des Geistes, der in alle Wahrheit leitet, an die glaubenden Jünger wird eine *Lehre* gemacht, die die *Vollmacht einer Institution* und den *Glauben ihrer Träger statisch* für alle Zeiten *festlegt* und sichert. Mit

Recht sagt der katholische Systematiker Küng: »Nach dem Vaticanum I. (und II.) kann niemand den Papst an einem willkürlichen, selbstherrlichen Vorgehen in Lehrfragen – unfehlbar oder fehlbar – hindern . . . Der Papst bestimmt in eigener Entscheidung und mit den ihm geeignet erscheinenden Mitteln, was . . . der wahre Glaube der Kirche ist« (Küng: »Zum Problem der Unfehlbarkeit« [U. 84] zitiert nach W. Krückeberg: »Unfehlbar« in Bausteine für die Einheit der Christen 1972 Heft 46, S. 11 ff.).

Die Einschränkung dieser Unfehlbarkeit durch ihre Ausrichtung auf ihre »Hinterlage« in Offenbarung und Tradition und die Feststellung, daß dem kirchlichen Lehramt keine neue grundsätzliche Offenbarung geschenkt werde, verliert ihre Bedeutung, da allein Papst und Bischöfe authentisch und inappellabel entscheiden, was die Schrift lehrt, und da die Tradition neben die Offenbarung tritt. Solche angeblich nicht geschehende neue Offenbarung ohne biblische Hinterlage stellen ja Papst- und Mariendogma sowie die Lehre von der Tradition dar.

IV. Die Konstitution über die göttliche Offenbarung

Das beleuchtet die Offenbarungskonstitution. Sie behandelt in sechs Kapiteln 1. die Offenbarung, – 2. die Weitergabe der göttlichen Offenbarung, – 3. die göttliche Inspiration und die Auslegung der heiligen Schriften, – 4. das Alte Testament, – 5. das Neue Testament, – 6. die Heilige Schrift im Leben der Kirche.

Besonders lehrreich sind die Kapitel 1, 2 und 6. – Kapitel 1: Nach einem einleitenden Bekenntnis zu den Lehren des Tridentinums und ersten Vaticanums über die Offenbarung bezeugt dies Kapitel die Abgeschlossenheit und Unwiederholbarkeit der Offenbarung Gottes in der Heiligen Schrift, zugleich aber die Erkennbarkeit Gottes für das Licht der menschlichen Vernunft auf dem Wege über die geschaffenen Dinge nach Römer 1, 20. Der Offenbarung fällt die Aufgabe zu: zu schaffen, daß das, »was der menschlichen Vernunft nicht unzugänglich ist«, »auch in der gegenwärtigen Lage der Menschheit« von »allen« »leicht« »mit Gewißheit« »ohne Beimischung von Irrtum« erkannt werde (Dekret über die göttliche Offenbarung Kap. 1 A 6 a. a. O., S. 369/70).

Das zweite Kapitel entfaltet die Stiftung des *kirchlichen Lehramtes,* die Niederlegung der schriftlichen Offenbarung in den *inspirierten Büchern* durch die Apostel und die *Entstehung der heiligen Tradition* neben der Heiligen Schrift und den *Fortschritt innerhalb der Überlieferung aufgrund der Erfahrung der Gemeinde* und der *Vollmacht* und Verkündigung des mit dem »Charisma der Wahrheit« beschenkten *bischöflichen Lehramtes:* »So ergibt sich, daß die Kirche ihre Gewißheit über alles Offenbarte nicht aus der Heiligen Schrift allein schöpft« (sondern aus Schrift und Tradition). »Daher sollen beide mit gleicher Liebe und Achtung angenommen und verehrt werden« (a. a. O., Kap. 2, A 9).

Das Verhältnis der Heiligen Schrift, der heiligen Tradition und des heiligen Lehramtes wird als eine so weitgehende gegenseitige Abhängigkeit bestimmt, daß keines der drei für sich unabhängig von den anderen verstanden werden kann noch überhaupt besteht.

»Es zeigt sich also, daß die heilige Überlieferung, die Heilige Schrift und das Lehramt der Kirche gemäß dem weisen Ratschluß Gottes so miteinander verknüpft und einander zugesellt sind, daß keins ohne das andere besteht und daß alle zusammen, jedes auf seine Art, durch das Tun des einen Heiligen Geistes wirksam dem Heil der Seelen dienen« (a. a. O. Kap. 2 A 10, S. 373).

Dazu heißt es: »Die Aufgabe aber, das geschriebene oder überlieferte Wort Gottes verbindlich zu erklären, ist nur dem lebendigen Lehramt der Kirche anvertraut, dessen Vollmacht im Namen Jesu Christi ausgeübt wird« (a. a. O., S. 273).

Kapitel 3 behandelt die Inspiration der ganzen Schrift, das Recht der wissenschaftlichen Auslegung und deren Unterstellung unter das Urteil der organisierten Kirche, Kapitel 4 und 5 das Alte und Neue Testament und Kapitel 6 die Einladung der Laien zum Studium der Schrift.

Ziehen wir die Konsequenzen:

1. Bestimmend ist schon der Ausgang: Neben die christozentrische Bestimmung ist die *Auflockerung* der Grenzen zwischen *Offenbarung* und *Vernunftlicht* gesetzt. Die Erkenntnis Gottes ist der Vernunft über den Weg der Schöpfung zugänglich. Über Röm. 1, 20 hinausgehend gilt das nicht nur für die Gottheit und Macht Gottes, sondern auch für das Ziel aller Dinge in Gott, das heißt für die Heilsgeschichte. Die Offenbarung hilft der Vernunft, was ihr zugänglich ist, ohne Irrtum zu erkennen.

2. Die *Lockerung der Grenzen* zwischen Offenbarung und Vernunft begleitet die Auflockerung der Grenzen zwischen *Kanon* und *Kirchengeschichte*, Offenbarungszeit und heute. Die Abgeschlossenheit der Offenbarung in der Schrift öffnet sich nach einer weiterlaufenden und ergänzenden Offenbarung durch Tradition und Lehramt hin. Die Einbehaltung der verbindlichen Auslegung des Wor-

tes in der Hand des Lehramtes versetzt praktisch den Akzent von der Schrift auf die Tradition.

3. Der damit gegebene *Vorbehalt überschattet* von vornherein den warmen *Appell zum Bibelstudium* an Klerus und Laien.

4. Aus dieser doppelten Auflockerung der Grenzen zwischen Offenbarung und Vernunftlicht wie Offenbarung und Überlieferung und aus der *Inverfügungnahme der Offenbarung durch die Auslegung der Kirche* ergibt sich *Aufgeschlossenheit gegenüber modernem Forschen* bis zur dogmatischen Sanktionierung spezieller Methoden zugleich mit der *Abwertung theologischen Forschens* zur bloßen Vorarbeit und ihrer Unterstellung unter das Urteil des päpstlichen Lehramtes.

5. Es kommt zu einer *doppelten Entmündigung der Heiligen Schrift:* 1. durch die neben sie gestellte *Tradition* verliert sie ihre Alleingültigkeit. – 2. Sie tritt ihren Anspruch auf Selbstgültigkeit bzw. Auslegung durch sich selbst, das heißt durch den Heiligen Geist, ab an die Bevormundung durch das *kirchliche Lehramt,* dessen Urteil über ihre Auslegung entscheidet.

6. So zeigt sich auch in der Stellung zur Schrift und der Tradition dasselbe *titanische Streben* des Menschen, *das Werk Gottes in die eigene Hand* zu nehmen und seine Deutung zu sichern.

7. Demgegenüber wird die dem Lehramt und der Tradition mitgegebene Bindung an ihre »Hinterlage«, die Heilige Schrift – wirkungslos, da das *Lehramt inappellabel* bestimmt, was in der Schrift steht.

Von hier aus verstehen wir die Entstehung von Papst- und Mariendogma und anderer Lehren.

V. »Die selige jungfräuliche Gottesmutter Maria im Geheimnis Christi und der Kirche«

Vom Papstdogma wenden wir uns damit dem Mariendogma zu. Das achte Kapitel der Kirchenkonstitution gliedert sich in fünf Hauptabschnitte: 1. Einleitung, – 2. die Aufgabe der seligen Jungfrau in der Heilsökonomie, – 3. die selige Jungfrau und die Kirche, – 4. die Verehrung der seligen Jungfrau in der Kirche, – 5. Maria als Zeichen der sicheren Hoffnung und des Trostes für die wandernde Gemeinde. Die Kapitel behandeln:

1. Maria, die Mutter Gottes und aller Menschen – das Urmysterium der Kirche

Die drei Artikel 52–54 behandeln ihrerseits: 1. (A 52) die Sendung des Gottessohnes vom Weibe (Gal. 4, 4 ff.), von der Jungfrau (römische Messe) als das göttliche Heilsmysterium, das sich fortsetzt in der Kirche, seinem Leibe, – 2. (A 53) die doppelte Ehrenstellung Marias in *Verbindung* mit dem Sohn als »wahre Mutter Gottes« »mit Vorrang vor allen . . . himmlischen und irdischen Kreaturen« – und in *Verbindung* mit allen erlösungsbedürftigen Menschen in der Nachkommenschaft Adams als »Mutter der Glieder (Christi)«, weil »sie . . . mitgewirkt hat an der Geburt der Gläubigen« – »Typus und Urbild der Kirche«, – 3. (A 54) die Aufgabe Marias im Geheimnis Christi und seines mystischen Leibes und die Pflichten der Erlösten gegenüber der Mutter Gottes und aller Menschen.

2. Marias Mitarbeit an der Erlösung

4. (A 55) Ihre Vorbezeugung im Alten Testament in der Mutter des Weibessamens: 1. Mose 3, 15, der Mutter Immanuels, Jes. 7, 14; Mi. 5, 2–3; Matth. 1, 22–23 und der

Mutter Zion – bis zur Inkarnation des Erlösers, – 5. (A 56) ihre aktive Mitarbeit am Erlösungswerk durch sündloses Ja zur Inkarnation in ihr, die Einbringung des Todes durch Eva, des Lebens durch Maria, – 6. (A 57) ihre Mitarbeit mit dem Kinde durch dessen Erziehung, Luk. 2, 34–35; 41–51. – 7. (A 58) Mitarbeit mit dem Erwachsenen bis zu seiner Kreuzigung, Joh. 2, 1–11; Mk. 3, 35; Luk. 11, 27–28 vgl. Luk. 2, 19–51; Joh. 19, 25–27. – 8. (A 59) Mitarbeit mit dem Verherrlichten an der Vorbereitung der Pfingstausgießung und nach seiner und ihrer leiblichen Aufnahme als unbefleckt gebliebene in die Herrlichkeit und ihrer Erhöhung zur »Königin des Alls« zur »völligen Gleichgestaltung mit ihrem Sohn« – Mitarbeit an der Vollendung des Erlösungswerkes vom Himmel her.

3. Marias Mutterschaft aller Menschen – Maria und die Kirche

9. (A 60) Marias Mittlerschaft – keine Verdunkelung derjenigen ihres Sohnes, sondern Zeugnis von deren Wirkkraft, – 10. (A 61) ihre Mutterschaft gegenüber allen Menschen aufgrund ihrer einzigartigen Mitwirkung »am Werk des Erlösers« »zur Wiederherstellung des übernatürlichen Lebens der Seele«, – 11. (A 62) die unaufhörliche »Fortdauer« dieser »Mutterschaft« in der Gnadenökonomie bis zur ewigen Vollendung aller Erwählten durch fürbittende Zuwendung des Heils und mütterliche Sorge für die Brüder ihres Sohnes vom Himmel her als Fürsprecherin, Helferin, Beistand und Mittlerin, – 12. (A 63) die Verbundenheit Marias mit Christus und der Kirche als ihr Typus und Führer auf ihrem Wege in Mitwirkung an der Geburt und Erziehung der Gläubigen, – 13. (A 64) die in der Nachahmung der Heiligkeit Marias und Annahme des Wortes empfangene Mutterschaft der Kirche selber zur

Zeugung von Gottessamen zum ewigen Leben. – 14. (A 56) Aufblick der noch mit der Sünde kämpfenden Christusgläubigen zur vollendeten Maria, die ihnen als Urbild der Tugend voranleuchtet. – Eindringen der Kirche ins Geheimnis der Inkarnation und der Gleichgestaltung der Braut mit dem Bräutigam durch Konzentration der Meditation auf Maria, die Christus gebar, damit Christus in den Herzen ihrer Kinder geboren werde.

4. Der Marienkult – Maria, die Mittlerin

15. (A 66) die legitime Verehrung Marias durch die Kirche mit einem eigenen »Kult« auf Grund ihrer Gottesmutterschaft und Erhöhung zwar *nach* Christus aber »*vor* allen Engeln und Menschen« aufgrund ihrer Einbeziehung in die Mysterien Christi. – Geschichte und Unterschiedlichkeit ihres Kultes von dem der Dreieinigkeit. – 16. (A 67) Empfehlung des Marienkultes in liturgischer Verehrung wie in privater Andachtsübung zu ihr unter Rücksichtnahme auf die getrennten Brüder.

5. Maria, das Zeichen der Hoffnung der Kirche

17. (A 68) Maria, als Zeichen der Hoffnung, das dem wandernden Gottesvolk voranleuchtet, als Anfang der vollendeten Kirche droben und als Wegweiser und Tröster der Kämpfenden auf Erden, – 18. (A 69) Freude über glühende Marienverehrung außerhalb Roms, Aufforderung, inständig zur Mutter des Herrn aller Menschen zu flehen um Fortsetzung ihres fürbittenden Beistandes bis zum Ende.

Im Mariendogma findet die römische Abweichung vom biblischen Glauben besonders deutlichen Ausdruck:

1. *Entehrung der Schrift* durch Beiseitesetzung oder Vergewaltigung.

2. *Vergottung eines Menschen* bis zur Anbetung und Erhebung in den Stand der Sündlosigkeit (unbefleckte Empfängnis, Freiheit von der Erbsünde, allgemeine Sündlosigkeit), Mitarbeit an der Erlösung, Einsetzung zur Königin des Alls. Wenn man den Vorwurf der Anbetung durch Unterscheidung zwischen oratio und odoratio zu entkräften sucht, so ist das leeres Spiel mit Worten; inhaltlich ist, was heute mit Maria geschieht, reinste Anbetung.

3. *Einsetzung dieses Menschen ins Mittleramt* unter unbiblischer Antastung der Einzigkeit, Abgeschlossenheit und Völligkeit des Erlösungswerkes Christi.

4. Die *Lehre, daß* die *Anbetung dieses Menschen Gottes Anbetung* und die Einschaltung ins Mittleramt zwischen Mittler und Mensch *Christi Mittlerschaft nicht verdunkle.*

5. Einfügung dieses Menschen *in die göttliche Heilsökonomie* und sein Verständnis *als Typus* und *Verkörperung des Mysteriums der* kämpfenden wie der vollendeten *Kirche.*

6. Im *Mariendogma* zeigt sich *nicht* ein *unorganischer Zusatz* zur katholischen Gesamtlehre, *sondern logische Konsequenz ihrer Grundtendenz* zur Vermischung von Menschlichem und Göttlichem, Seelischem und Geistlichem, Religiosität und Offenbarung; der *Aufbruch uralter heidnisch-seelischer Religiosität* aus den Tiefen eines in die Kirche eingebrochenen *Titanismus,* eine Renaissance der heidnischen Herabzerrung Gottes in die Menschlichkeit durch Polytheismus und Spaltung in ein männliches und weibliches Prinzip, vorgebildet zum Beispiel im Ischtar- und Isiskult. So kann der Katholik Joseph Wittig die

Wurzel der Marienverehrung in den Tiefen des urmenschlichen Kultes der Mütterlichkeit und damit des Menschentums aufzeigen.

7. Der Inthronisierung Marias im Himmel liegt aber nicht nur die *Flucht aus dem Bereich der Heiligkeit* des *einen Gottes* und seines totalen Anspruchs zur Mutter zugrunde, – sondern auch der *Drang zur Aufwertung des Menschen,* von seiner Beteiligung an der Erlösung bis zur Selbsterlösung und schließlichen Selbstinthronisierung an Gottes Stelle, ja Vergottung (vgl. 10, 1 ff.; 14, 12 ff.); von der Zielsetzung der Schlange »Ihr werdet sein wie Gott« bis zu der des Turmbaus, vom Ausbruch Abrahams, Jakobs und der Frommen des Alten Bundes aus dem Glaubensgehorsam in die Selbstaneignung der Verheißung bis zur Gegenwehr der Gesetzeskirche gegen das Gnadenangebot Gottes in seinem Sohn, vom Kampf des Katholizismus gegen die Reformation bis zum Auftreten des Antichristen.

Ich zitiere dazu Papst Paul VI.[1]: »Eine der religiösen Tatsachen unserer Zeit ist die unleugbare Steigerung der Marienverehrung . . . Uns . . . erscheint die Lehre, die sich in der marianischen Frömmigkeit darstellt . . . als folgerichtige Manifestation der gesammelten und fruchtbaren Lebenskraft unserer Religion« (a. a. O. S. 278, Abs. 1 u. 3–5).

»Der Madonnenkult macht eins der Grundprinzipien des gesamten Heilswirkens der christlichen Religion immer deutlicher, evidenter: Das Prinzip der menschlichen Mitarbeit am Erlösungswerk . . . So steigert die Verehrung Marias noch einmal mehr unsere Wertschätzung für die

[1] Paul VI. »Christus und der Mensch von heute. – Ansprachen und Aufsätze« Goldmanns Gelbe Taschenbücher, Bd. 2414/15, 1968.

Menschheit . . . Die Inkarnation ist nicht nur der Gott, der unendlich herabsteigt, um Mensch zu werden, sie ist auch der Mensch, der unermeßlich aufsteigt und der Gipfel dieses Aufstiegs ist die heiligste Maria. Und Hand in Hand damit, daß die Menschheit Selbstbewußtsein und Selbstwertung gewinnt, begreift sie auch diese Theologie . . . Man kann vielleicht aus diesem Motiv heraus verstehen . . ., warum gerade heute der Humanismus das Bewußtsein aller beschäftigt; und wer nach seinem echtesten und höchsten Ausdruck sucht, kann sich dem freudigen Ergebnis nicht entziehen, in Maria den Gipfel des höchsten Humanismus zu entdecken . . .« (a. a. O., S. 279 Abs. 3 u. 4; S. 28 Abs 1).

Die Konsequenz ist der Aufflug der Seele zu Maria in der Anbetung: »Lassen wir daher unsere Seelen ihr nachfliegen, gleichsam als lösten sie sich von dieser Erde . . . über ihre Wege der Reinheit und der Hoffnung führe sie uns einst zur seligen Begegnung mit ihr und zur Anschauung ihres göttlichen Sohnes« (a. a. O. S. 281, Abs. 2–4).

». . . wir müssen . . . versuchen, unser Gebet für unser zukünftiges Leben auf sie, auf Maria, zu richten . . . Möge Maria uns den Glauben an das Paradies und die Hoffnung, es zu erreichen, geben . . . helfen, den Weg der Liebe zu gehen, . . . lehren, tapfer und hingebend zu wirken . . . die Weisheit und die Armut des Geistes verleihen . . .« (a. a. O. S. 269, Abs. 3–4). ». . . legen wir von jetzt an den Schlußakt dieses unseres irdischen Daseins in ihre mütterlichen Hände: . . . verteidige du uns, Maria, vor dem unsichtbaren Feind und nimm unsere Seelen auf in der Stunde des Todes. Es sind Worte, die wir . . . im . . . Gebet sprechen, das wir jeden Tag und fast zu jeder Stunde an die Madonna richten« (a. a. O. S. 270 Abs. 1).

Von hier aus verstehen wir den ständigen Übergang der päpstlichen Sprache angesichts des Mysteriums Marias in den Hymnus:

»Du jungfräuliche Mutter Maria, erhabene Mutter der Kirche . . .« – ». . . durch dich hat Großes getan, der da mächtig ist, du milde, du gute, du holde Jungfrau Maria« (nach Papst Paul VI. aus Dreissen »Um die Kirche der Zukunft« 4. Teil Gebete S. 100/101). ». . . die holde Litanei, die ihr Lob mit unseren . . . Seufzern verflicht, möge nicht enden . . .« – »Maria, die allerreinste, Maria die allersüßeste, Maria die allerschönste; Maria stark wie eine Kämpferschar im Felde; . . . göttlich in ihrer Gnade, in ihren Vorzügen, in ihren Mysterien und ihrer Sendung, und jetzt in ihrer Glorie« (Papst Paul VI.: »Christus und der Mensch von heute« S. 278, Abs. 1).

»Marias Himmelfahrt . . . Sie ist so hoch, daß die Sprache keine dieser Glorie entsprechenden Ausdrücke findet . . . um mit den Engeln den triumphalen Eintritt Marias in die ewige Seligkeit zu feiern: der Madonna, die . . . sofern überhaupt eine Berührung durch den Tod stattfand, den traurigen Zusammenbruch des Sterbens nicht kennenlernte,. . . Jubelempfindungen . . . erfüllen uns . . . Diese Woge der Gnade senkt sich herab in unsere Seelen und erfüllt sie . . . mit beflügelten Anrufungen und erträumten Harmonien.« (Die folgenden Lobpreisungen erinnern an Ischtarhymnen; a. a. O. S. 278). ». . . Maria, die Pforte des Himmels, . . . Spiegel des göttlichen Lichtes . . . Tabernakel des Bündnisses zwischen Gott und den Menschen . . .« (a. a. O. S. 281).[1]

[1] »Du bist schön und strahlend wie die Jugend und Frische, der immerneue Morgen. Du bist schön und anmutig wie ein Kaffeebaumfeld im Morgenrot, wie ein blühendes, duftendes Kaffeebaumfeld. Du bist schön und anmutig wie die Krone der Palme, die sich wiegt unter dem tief-

Der humanistische Grundzug klingt durch die Anmerkung:

».. . unsere Form des Kultes zielt . . . darauf ab, die Wirklichkeit des Mysteriums zu verehren und das nicht nur in ihr, die es als Einzige . . . – gemeinsam mit Christus – verkörpert, sondern auch in uns selbst . . .« (a. a. O. S. 265/66).

Im *Papst-* und *Mariendogma gipfelt die Grundtendenz des Katholizismus,* Gottes Werk in des Menschen Hand zu nehmen. Im *Papst* setzt sich der Mensch als Vater und Führer aller Menschen an die Stelle Christi auf Erden, nicht als Lamm, sondern als oberster Richter und Herr. In *Maria* erklimmt der Mensch als Mutter aller Menschen in mystischer Selbsthingabe den himmlischen Thron als Königin des Alls zur Seite Gottes, als Mittlerin im Himmel.

VI. Das Dekret über den Ökumenismus

Den größten Jubel mag bei den evangelischen Anhängern des Wiedervereinigungsgedankens das Dekret über den Ökumenismus ausgelöst haben. War der Jubel gerechtfertigt?

blauen Himmel. Du bist schön und beglückend wie der klare Quell, der aus den Felsen hervorspringt. Du bist schön und beglückend wie der Mond, der dahinschwimmt am Himmel, den der Wirbelsturm reinfegt. Du bist schön und glänzend wie die majestätische Flamme, die sich des Nachts aus der Savanne erhebt. Du bist schön, herrlich schön, daß, wer dich einmal geschaut, sterben möchte, um dich wiederzusehen. Du Wunder unter den Wundern Gottes, du bist unser aller Mutter . . . ruf uns alle zusammen und führ uns heim zum Bruderfeste der Wahrheit, der Gerechtigkeit und der lebendigen Liebe. Herrin der Welt, führ uns hinein zur ewigen Hochzeit, wo du von heut an die gebenedeite Frau bist, o Jungfrau Maria« (Jérom Bala CSSp. aus Dreissen a. a. O. S. 92 *»Gebete zur Mutter Gottes«*).

Wir hörten im ersten Vortrag von der Anerkennung der Taufe der anderen, Zuerkennung des Ehrennamens der Christen an sie, ihrer Bezeichnung als »Brüder« statt »Ketzer«, der Rede von »Kirchen« und »kirchlichen Gemeinschaften«, dem Zugeständnis ihrer positiven Bedeutung selbst für die Mutterkirche und von der Entdekkung von »Elementen der wahren Kirche« auch außerhalb Roms.

Den größten Jubel löste wohl die plötzliche offizielle Öffnung für die Ökumenische Bewegung im Ökumenismusdekret aus, ihre herzlicche Begrüßung als Werk der ausgegossenen Gnade Gottes und die Anweisung an alle katholischen Christen, an ihr teilzunehmen. Mußte es nicht freuen, daß die unfehlbare römische Kirche ihre eigene Mitschuld an der Spaltung bekanntgab, die abgetrennten Brüder um Verzeihung bat, als Vorbedingung für jede Arbeit auf eine Wiedervereinigung zu Buße und Erneuerung, ja, Bekehrung der Herzen innerhalb der eigenen Kirche forderte und endlich ihren Gliedern feinfühlige Richtlinien für den Weg der Konfessionen aufeinander zu – mitgab, wie: Ausmerzung alles dessen, was den anderen verletzt, Pflege des Dialogs, Zusammenarbeit fürs Gemeinwohl, gemeinsame Gebetsversammlungen und Gottesdienste, Einanderkennenlernen, den ersten Schritt auf den anderen zu tun und endlich das Sehen des Positiven beim anderen, das bis zum Martyrium um Jesu willen reicht.

Brachte das Dekret über den Ökumenismus eine Korrektur zur Kirchenkonstitution? Bei näherem Zusehen löst dieser Schein sich auf. Grundsätzlich steht die Autorität einer Konstitution über der eines Dekretes. Das Ökumenische Dekret erklärt auch ausdrücklich die Kirchenkonstitution zu seiner Grundlage, will von ihr aus verstanden werden (Einleitung). Die Vorlagen des Dekretes sind dementsprechend mehrfach überarbeitet und alle Stellen, die die *eine* Kirche behandeln, ausdrücklich auf Rom festgelegt worden.

Das zeigt sich auch am Inhalt: 1. Die anderen bleiben »getrennte Brüder« im Sinne der von der wahren Kirche abgetrennten. Sie sind für die Schuld der Väter, die sich trennten, zwar nicht haftbar, aber stehen trotz Taufe *nur* »in einer *gewissen*, wenn auch *nicht vollkommenen* Gemeinschaft mit der katholischen Kirche«.

2. Das gilt auch von den getrennten Kirchen: »Nur durch die katholische Kirche, die das allgemeine Hilfsmittel des Heils ist, kann man Zutritt zu der ganzen Fülle des Heils haben«, Anteil an dem »einen Leib Christi . . . welchem alle völlig eingegliedert werden müssen, die schon auf irgendeine Weise zum Volke Gottes gehören« (I 3, S. 233 a. a. O.). Die wahre Kirche ist auch fürs Ökumenische Dekret nur die Papstkirche, wahre Eingliederung nur durch Unterwerfung unter den Papst möglich. Der Heilige Geist schafft zwar die Einheit der Christen, die Taufe gliedert in Christus ein. Aber Christus gründet und erhält die Kirche durchs Lehramt der Bischöfe und des Papstes. Von den Kirchen ohne Papst heißt es mitunter nur: »Ihre Glieder nennen sie Kirche Gottes.«

3. Ökumenismus gibt es daher selbstverständlich nur im Rahmen der Kirche Roms unter dem Papst. Das eigentliche, noch nicht erkannte Problem der Ökumenischen Bewegung ist daher nach dem Dekret das Problem ihres Verhältnisses zu Rom.

4. Auch die Elemente der wahren Kirche außerhalb Roms kommen von Rom her und drängen auf Rom hin, gehören rechtens zu Rom. – 5. Die Zuzählung der Sakramente zu

diesen Elementen wird halbwegs zurückgenommen durch die Feststellung zur Taufe: »Obgleich bei den von uns getrennten kirchlichen Gemeinschaften die aus der Taufe hervorgehende volle Gemeinschaft mit uns fehlt.« Und von ihrer Teilnahme am Abendmahl heißt es: daß sie »wegen des Fehlens des Weihesakramentes die ursprüngliche und vollständige Wirklichkeit des eucharistischen Mysteriums nicht bewahrt haben«. – 6. Reue und Schuldbekenntnisse gegenüber den anderen betreffen ausschließlich Vergehen einzelner oder die Art ihrer Verkündigung, – nie die Kirche selber, den Inhalt ihrer Lehre, System und offizielles Vorgehen. Auch ihre Blutgeschichte wurde ja selbst im Jahr des 400jährigen Jubiläums der Bartholomäusnacht nicht zum Anlaß eines grundsätzlichen Schuldbekenntnisses, einer Selbstkritik an System und Lehre genommen.

7. Vollends wird die das Konzil überschattende Tendenz gerade an diesem Dekret sichtbar: Nicht nur an den Geburtswehen seiner Entstehung in immer neuen Überarbeitungen, sondern auch an den demonstrativen Eingriffen des Papstes in den Text *noch nach* der endgültigen Annahme durchs Konzil. Vor allem fallen zwei Änderungen ins Auge. Die Aussage: *»Auf Antrieb* des Heiligen Geistes *finden* sie (die Protestanten) in der Heiligen Schrift Gott, der zu ihnen *spricht* in Christus« wurde korrigiert in: *»Unter Anrufung* des Heiligen Geistes *suchen* sie in der Heiligen Schrift Gott« d. h. *»unter Anrufung«* statt »auf Antrieb« – und *»suchen«* statt »finden sie Gott« und zwielichtig fortfahrend *»wie er zu ihnen spricht* in Christus« es könnte auch übersetzt werden: *»als ob er zu ihnen spräche* in Christus«. So oder so wird dadurch die gemeinsame und gleiche Lage der Katholiken und Evangelischen gegenüber dem Wort in Frage gestellt. Sie muß ja abgestritten werden

aufgrund der katholischen Auffassung vom bischöflich-päpstlichen Lehramt, dem allein die rechte Schriftauslegung vorbehalten ist.

Die zweite Änderung versteift das Bekenntnis zur Transsubstantiationslehre, das heißt für uns zur magisch-fetischistischen Auffassung des Sakramentes. Das ursprüngliche »plenam realitatem« (die Evangelischen haben die volle Wirklichkeit des eucharistischen Mysteriums nicht bewahrt) wurde korrigiert in »ingeniam atque integram substantiam« (sie haben die ursprüngliche und unversehrte Substanz nicht bewahrt), worin die Katholiken Rahner und Vorgrimmler einen Hinweis auf die Transsubstantiationslehre aufzeigen.[1]

Die einen erblicken in dieser Veränderung eine Vertiefung des Grabens zwischen Rom und den Evangelischen durch Unterstreichung der alleinigen Zuständigkeit des katholischen Lehramts für die Auslegung der Heiligen Schrift und des massiven Verständnisses der priesterlichen Wandlungsgewalt über die Elemente.[2] Die anderen sehen darin eine am Inhaltlichen nicht wesenhaft interessierte formale Demonstration der päpstlichen Lehrautorität und

[1] u. [2] Die Verfasser der neuen evangelisch-katholischen Dogmatik »Neues Glaubensbuch« (herausgeg. von J. Feiner und L. Vischer [7] 1973) versuchen die kirchentrennenden Lehren von der Transsubstantiation und von der unblutigen Wiederholung des Opfers Christi als gegenstandslos geworden hinzustellen. Sie verweisen dazu darauf, daß Paul VI. in seiner Enzyklika »Mysterium fidei« 1965 die Lehre der Kirche in großer Zurückhaltung auslegt und nur von einer »Darstellung« des Opfers Christi im Sakrament der Eucharistie spricht (S. 576 ff., 578. 579 f.)! Sie können aber nicht verschweigen, daß Paul VI. in dieser Enzyklika die Aussagen des Tridentinums zur Transsubstantiation bestätigt. Dazu kommt der oben erwähnte Hinweis auf Wandlungsgewalt und Transsubstantiation in seiner Änderung des Konzilsdekrets über den Ökumenismus. Auch ist das vom Papst gebrauchte Wort »Repräsentatio« anders als der deutsche Ausdruck »Darstellung« einer Öffnung für »Wiederholung« und »Transsubstantiation« fähig.

ihres Vorrangs vor der Autorität der Bischöfe, ja des Ökumenischen Konzils. Nach Abschluß der Verhandlungen korrigierte der Papst und zeigte, daß er das letzte Wort hat. Ebenso setzte er die bereits beschlossene Verabschiedung des Dekretes über die Toleranz wieder ab. Beides (inhaltliche Verschärfung wie äußerliche Demonstration) mag vorliegen. In jedem Fall setzen diese Korrekturen Lichtsignale, die die Fahrtrichtung Roms gegen jedes Mißverständnis noch deutlicher sichtbar werden ließen.

So bleibt auch im Ökumenischen Dekret die alte Linie bestimmend, markiert durch die Sichtworte: *Verabsolutierung* der sichtbaren römischen *Kirche* und ihrer hierarchischen Verfassung, *Primat* und *Unfehlbarkeit* des *Papstes* – Lehrautorität der Kirche und ihre Auslegungsgewalt über Schrift und Tradition – *wesenhafte* und grundsätzliche *Erhebung des bischöflich-priesterlichen Standes* über den Laienstand– *Sakramentalismus* und magisches Sakramentsverständnis – *Verfügung der Kirche über das Opfer Christi* in der Eucharistie kraft des Weihesakramentes und über die *Verdienste Christi* im Buß- und Ablaßsakrament – Eingießung und Wiederherstellung des Gnadenstandes im Taufsakrament. Mit einem Wort: es ist die Linie der Kirche, in der *der Mensch Gottes Werk in die Hand des Menschen* nimmt, es für Gott treibt, die Herrschaft Gottes ausübt und dabei sich selbst und damit den Menschen inthronisiert.

VII. Die Lehre von der Rechtfertigung

(Tridentinum 6. Sitzung, Kap. 1–16)

In unserem Hirtenwort »Zusammenschluß der Kirchen?«[1] haben wir auf die Anweisungen im katholischen Katechismus zu Bußsakrament, Ablaß, verdienstlichen Werken, Wallfahrten, Evangelischen Räten oder besonderen Wegen der Heiligung und Nachfolge hingewiesen. – Aber alles konzentriert sich in der Frage nach der Rechtfertigung des Sünders vor Gott.

Die Probe aufs Exempel, ob Rom heute ein anderes geworden ist, müßte am Glaubensartikel gemacht werden, den unsere Väter den Artikel »stantis et cadentis ecclesiae« nannten, das heißt den Artikel, mit dem die Kirche steht und fällt. Es fällt auf, daß das Zweite Vatikanum zu diesem Artikel nichts sagt. Er spielt auch in der heutigen Diskussion auf evangelischer Seite, wenigstens soweit mir bekannt, keine entscheidende Rolle mehr. Der evangelische Pfarrer Krückeberg spricht wohl eine unter uns Evangelischen sich ausbreitende Meinung aus, wenn er schreibt: »Vinzenz Pfnür hat mit seiner breitangelegten Untersuchung dargetan, daß es bereits in der Reformationszeit zuletzt nur noch um unterschiedliche Begriffe, aber nicht mehr um einen Sachgegensatz ging. Damit hat er einen gewissen Schlußpunkt in dieser Kontroverse setzen können. Von daher dürfte nicht weiter etwas zum Problem gemacht werden, was in Wahrheit keines ist«.[2] Und der katholische Theologe Lortz scheint es zu bestätigen, wenn er den, den beiden Kirchen gemeinsamen, Glaubensbesitz

[1] vgl. Frey: »Zusammenschluß der Kirchen?« TELOS-Taschenbuch Nr. 31, Verlag der Liebenzeller Mission 1972/73.

[2] W. Krückeberg: »Unfehlbar« in Bausteine für die Einheit Heft 46 S. 11/12, 1972.

in fünf Sätzen bestimmt: 1. Gott alles – der Mensch aus sich selbst nichts. – 2. Der Mensch ist vor Gott ein Sünder. – 3. Alle Gerechtigkeit kommt aus dem Glauben. – 4. Gottes Gnade ist unentbehrlich. – 5. Gottes Gnade ist Geschenk, nicht Verdienst.[3]

Aber mußten nicht alle Konzilsväter des Zweiten Vatikanums das Tridentinum beschwören!? – Bedeutet nicht das Schweigen zu Themen, die im Tridentinum abgehandelt sind, daß das Tridentinum hier in Geltung ist!? Und verdammt nicht das Tridentinum ausdrücklich Luthers »sola fide« (allein durch den Glauben) und seine »fiducia-Lehre«, das heißt seine Lehre von der Glaubensgewißheit? Kurt Dietrich Schmidt[2] und Robert Frick[3] zeigen, wie weiten Raum zwar die tridentinische Rechtfertigungslehre der Gnade als vorlaufender, mithelfender und eingegossener einräumt (gratia praeveniens, adjuvans, infusa), wie sie aber gleichzeitig mit ihrem *und* die Gnadengrundlage der Rechtfertigungsgewißheit auflöst. »Gnade *und* Werke« heißt es hier.

Robert Frick zeigt in der tridentinischen Rechtfertigungslehre im einzelnen: 1. Verharmlosung der Sünde (Kap. 1). Die Versklavung wird abgeschwächt zu einer bloßen Schwächung des freien Willens. Nach der Hinwegnahme der Erbsünde durch die Taufe bleibt die Möglichkeit zu sündigen auf Grund der Begierde. Dagegen entlarvt Luthers simul pecator, simul justus auch den Wiedergeborenen – auf *sich* gesehen – als Sünder, der aber durch den Zuspruch der Gerechtigkeit Christi und ihre

[1] J. Lortz: »Die Reformation 1940 nach R. Frick« »Die Rechtfertigungslehre auf dem Tridentinum« in »Die Begegnung der Konfessionen« S. 43, 1948.

[2] K. D. Schmidt: »Lutherische und katholische Rechtfertigungslehre« 1946.

[3] R. Frick a. a. O.

glaubende Annahme ganz gerecht, der Sünde gestorben und in die Kindschaft Gottes aufgenommen, in den Herrschaftsbereich des Auferstandenen versetzt ist. – 2. Zurückdrängung des Wortes, das die Gerechtigkeit zuspricht, gegenüber einer Überführung in den Gnadenstand durchs Sakrament (vgl. Kap. 2–4). Wort, Lehre und Glauben an das Wort, Reue, Sündenbewußtsein, Vertrauen bereiten – nach dem Tridentinum – vor auf den Empfang der Rechtfertigung, die durch Eingießung der Gnade mittels des Sakramentes geschieht. Bei Luther dagegen steht alles im Wort und Glauben. – 3. Forderung einer Vorbereitung auf die Rechtfertigung (vgl. Kap. 5). Der Akzent liegt auf der vorlaufenden und helfenden Gnade. Aber der freie Wille soll in Kooperation mit der Gnade treten. Luther dagegen kennt nur eine erlittene Gerechtigkeit. – 4. Verkümmerung des Glaubens und seiner Rolle bei der Rechtfertigung (vgl. Kap. 6). Der Glaube wird abgewertet zu einer vorbereitenden Bewegung auf Gott hin, der die eigentliche Rechtfertigung im Sakrament folgen muß. Für Luther dagegen bildet das Wort und sein Empfang im Glauben Eins und das Ganze. – 5. Materialisierung der Rechtfertigung (vgl. Kap. 7. 8). Aus persönlicher Zuwendung wird materielle Eingießung im Sakrament, die eine moralische Zuständlichkeit verleiht und mit ihr die christlichen Tugenden. Für Luther dagegen steht alles in der persönlichen Zuwendung Gottes zum Sünder in Christus und dem glaubenden Empfang des Zuspruchs der Gerechtigkeit Christi im Wort. Rechtfertigung ist etwas ganz Persönliches. – 6. Heilsunsicherheit der Gerechtfertigten (vgl. Kap. 9. 12. 13). Heilsgewißheit gibt es für den Katholiken nur unmittelbar nach Empfang des Sakramentes (Kap. 9). Erwählungs- und Beharrungsgewißheit nur ausnahmsweise aus spezieller Offenbarung (Kap. 12. 13). Luther setzt dagegen seine Gewißheit nicht auf seine empfangene Zuständlichkeit, sondern allein auf Gottes Wort und Verheißung. Der Blick auf sich selbst stürzt in Verzweiflung. Unter dem Zuspruch seines Wortes wird es getroste Verzweiflung, weil meine Gerechtigkeit nicht meine, sondern Christi ist. Das gibt mir Gewißheit, nicht durch sakramentale Eingießung, sondern durch tägliche Buße und tägliches Auferstehen ins sieghafte Leben Christi durch den Glauben. – 7. Rückfall in die Verdienstlichkeit (vgl. Kap. 10. 11). Die Eingießung der Gnadenkraft durchs Sakrament und der Beistand der Gnade ermöglichen ein verdienstliches Leben im Zusammenwirken von Glauben und guten Werken. Für die Reformation dagegen kommt das neue Leben nicht zum Glauben hinzu, sondern ist im Glauben eingeschlossen. Zuflucht und Bleiben bei Jesus stellt ins Werk. Das Werk erwirbt nicht die Verbindung mit Jesus. Rechtfertigung ist Zuspruch und Wiedergeburt in einem, nicht imputatio platonica, ideelle Zurechnung, sondern wahrer Übergang vom alten ins neue Leben.

Nach dem Tridentinum ist das ewige Leben ebenso Gnade wie Lohn für Verdienste, wenn auch auf der Gnade der Akzent liegt. Aber die Gnade hat eine andere Füllung als bei Luther. Sie ist sakramentale Gnadenkraft, gratia infusa, justitia inhaerens, virtus influens (eingegossene Gnade, einhaltende Gerechtigkeit, einfließende Tugend), aber nicht die persönliche Liebe Gottes in Jesus, die dem Glaubenden die Gerechtigkeit Christi zuspricht und die der Glaube in ganzem Vertrauen ergreift. Die Rechtfertigung verliert ihre Abgeschlossenheit in Christus an seinem Kreuz, fällt zurück in Gesetzlichkeit und Selbsterlösung.

Frick zeigt in der katholischen Rechtfertigungslehre Verharmlosung des Sünderseins, Zurückdrängung des Wortes, Zuflucht zum Synergismus, Abwertung des Glaubens, Sakramentalisierung, das heißt Entpersönlichung der Rechtfertigung und als Folge davon Heilsungewißheit und Auslieferung an den Verdienstgedanken, Verdunkelung der persönlich wirkenden freien Gnade Gottes in Christus. Die Tendenz zur Übernahme des Werkes Gottes in die Hand des Menschen, wenn auch nur in Gestalt seiner Mitwirkung und der Einschaltung der Mitwirkung der Kirche als Mittlerin, ja Stellvertreterin Gottes – das heißt in Gestalt des »und« und des »übers Wort hinaus« – wirkt sich auch hier an dieser zentralsten Stelle aus im Verlust der Gewißheit des Heils im süßen Evangelium. Der Jubel: Der Strick ist zerrissen!, der bei Luther die getroste Verzweiflung im Blick auf Christus begleitet, und der im Glaubenslied die Reformation durch die Welt trug, geht verloren.

Ich zitiere Frick: »So ist es immer die gleiche Not . . . Das ganze Dekret setzt doch ein rational-gesetzliches Schema voraus und ist psychologisch-antropozentrisch ausgerichtet. Daher kann der evangelische Vollgehalt dessen, was es um Gottes Wort, um die Gnade und um den Glauben ist, nicht zur Entfaltung kommen . . . Das Wort: ›Christus für uns‹ kommt hier nicht zu seiner reinen Geltung . . . Bei aller Offenheit für das Gespräch . . . werden wir gegenüber der Lehre, wie sie in Trient festgelegt und noch heute . . . verbindlich ist, bei dem klaren ›Nein‹ bleiben müssen. Gegenüber solcher Synthese behaupten wir in bewußter und gewollter Einseitigkeit die particulae exclusivae (Ausschließlichkeitssätze): sola fide, gratis, non ex operibus, sine lege, absque operibus« (allein aus Glauben, umsonst, nicht aus Werken, ohne Gesetz und ohne Werke) (a. a. O. S. 53).

Frick faßt zusammen: »Über die particulae exclusivae hat

Melanchthon in der Auslegung des Nicänischen Symbols von 1561 geschrieben, sie seien gesetzt: 1. um Christi Ehre zu wahren, 2. um den Trost des Evangeliums festzuhalten, 3. um den Unterschied von Gesetz und Evangelium zu beleuchten, 4. um uns geschickt zu machen zur Anrufung Gottes« (Frick a. a. O. S. 53).[1]

[1] Die Autoren des »Neuen Glaubensbuches« suchen den Gegensatz abzuschwächen durch die Erwägung, daß vielfach die Abwehr von Gegenpositionen zu polemischen Überspitzungen führte, und der verschiedene, auf der einen Seite vom mittelalterlichen, auf der anderen Seite vom biblischen Denken bestimmte Sprachgebrauch die Parteien aneinander vorüberreden ließ. Sie müssen aber ihrerseits zugestehen, daß auch »echte Sachdifferenzen« vorliegen, die zum Beispiel die Rolle der Sünde, und den Akzent auf dem göttlichen Rechtfertigungshandeln betreffen (S. 561–66). Wir müssen hinzufügen, daß Befangenheit die Verfasser des »Glaubensbuches« nur die Unzulänglichkeit, nicht auch die Vermessenheit der Gesetzesfrömmigkeit sehen läßt.

Zusammenfassung

Als Grundzug des Katholizismus lernten wir das Streben kennen, Gottes Werk in die Hand des Menschen zu nehmen, in der Fortführung der Offenbarung über die Schrift hinaus, in der Tradition durch das kirchliche Lehramt, in der Führung der Kirche und Verwaltung des Heils, im Heiligungskampf ihrer Glieder. Die Auswirkungen dieser Tendenz reichen ins Zentrum des Glaubenslebens.

1. Das Auge verschließt sich für die *Schlußfolgerungen* aus der Einmaligkeit, Abgeschlossenheit und Allgenugsamkeit des Erlösungswerkes Christi, – damit aber auch für die *Einmaligkeit, Abgeschlossenheit und Allgenugsamkeit seines Erlösungswerkes selber.* Anstelle des Glaubens tritt weithin Mystik, Religiosität, Moral, Gesetz, Autoritätsgläubigkeit, Abhängigkeit von der Institution. Man macht nicht ernst damit, daß am Kreuz der Graben zwischen Fleisch und Geist, seelischem Wesen und Glauben aufgerissen, die Verlorenheit allen Fleisches enthüllt, auch der fromme Mensch als Sünder entlarvt, aber dem Sünder die Tür zum Vater aufgeschlossen ist. Man faßt nicht, daß alle Zwischen- und Nebeninstanzen hinweggefegt sind, am Kreuz das Gericht über die Welt und ihr Wesen vollstreckt ist und wir im Glauben wiedergeboren sind, – hineingenommen in seinen Tod, aufgenommen in sein Auferstehungsleben, angenommen zu seinen Kindern: »Ich bin gewiß . . . (nichts) mag uns scheiden von der Liebe Gottes, die in Christus Jesus ist.« Die katholische *Einschaltung* von *Zwischeninstanzen* und *Aufbietung* von *Leistungen* verachtet die vom Alten Testament geweissagte (Jer. 31, 31. 34) und von Jesus dem Glauben an ihn zugesagte Ganzheit der Erlösung und Gottunmittelbarkeit der Erlösten (Joh. 5, 24).

2. Im Katholizismus nimmt *Jesus eine andere Stellung* ein als in der Bibel. Zwar steht er offiziell in der Mitte. Aber weil die Bedeutung seines Kreuzestodes nicht in der Tiefe erkannt, der Schluß aus der Einmaligkeit, Abgeschlossenheit und Allgenugsamkeit seines Erlösungswerkes nicht gezogen wird – wird *er selbst durch Zwischeninstanzen* in den Herzen der Menschen *aus der Mitte gedrängt*, – durch die Kirche, die als »secunda causa« (zweite Ursache) sein Werk auf Erden fortführt, den Papst, der seine Person auf Erden vertritt, Maria, die ihn im Himmel umstimmt, Heilige, die als kleine Schutzgötter geduldet werden, ihre Verdienste und die Handlungen der Priester, die uns Beistand leisten. Seine Hoheit wie seine Liebe werden verdunkelt (Phil. 2, 9–11; Matth. 11, 28; Joh. 10, 28; Matth. 28. 20).

3. Die katholische Kirche schuf sich eine unbiblische, den heidnischen Religionen angepaßte Vorstellung von Gott. Zwischen- und Nebeninstanzen und Methoden der Heilsaneignung vom Menschen oder von der Kirche her rauben Gott die Ehre. Er muß sich mit ihnen in die Anbetung und mit ihren Praktiken in die Heilszueignung teilen. Man rechnet nicht mit dem majestätischen Ausschließlichkeitsanspruch Gottes. Sein Gebot: »Du sollst keine andern Götter haben neben mir«, »bete sie nicht an« richtet sich ja vordringlich gerade gegen die Verehrung der kleinen Zwischen- und Nebeninstanzen von den Baalen bis zur Muttergöttin bis zu den Engeln (2. Mose 20, 3; Jer. 7, 17 f.; Offb. 22, 9; Richt. 13, 16). Wo bleibt, wenn man mit Paul VI. jede Stunde zur Madonna betet, Gottes Anspruch auf Ungeteiltheit der Anbetung und des Herzens: »Du sollst Jahwe, deinen Gott, liebhaben von ganzem Herzen« (5. Mose 6, 4. 5; Mt. 22, 37; 1. Mose 17, 1)? Die Ausrede, dieses Spielen mit Gebet und Vertrauen, diese Zuflucht zu Mittlergestalten beeinträchtige die Ehre Got-

tes nicht – beweist: Man kennt nicht mehr die biblische Furcht vor Gott, dem Heiligen, Unentrinnbaren. »Weh mir, ich vergehe!« – »Wo soll ich hinfliehen vor deinem Geist« (1. Mose 22, 12; Jes. 2, 6; Ps. 139). Der Gott, den die römische Kirche anbetet, mag noch so sehr mit biblischen Zügen geschmückt sein, – das Vertrauen, das ihm geschenkt wird, ist etwas anderes als das Zittern des Gewissens vor dem Unentrinnbaren, die Zuflucht der Seele zu ihrem Erlöser, Ruf aus totaler Auslieferung und Zwiesprache in totaler Geborgenheit, persönliches Gegenüber des versöhnten Sünders mit dem Heiligen und Barmherzigen, in das kein Dritter sich einschalten kann.

4. Von hier aus ergibt sich ein *verschiedenes Verständnis des Weges* des einzelnen wie der Kirche. Aus mühseligem Klimmen auf der Leiter zur Vollkommenheit wird im evangelischen Verständnis »Wanderschaft« der gerechtfertigten Sünder, die Jesu Gerechtigkeit die ihre nennen und das neue Lied der Erkauften singen. Aus der Kirche, die ihr Schiff dem Fluge Marias zu den himmlischen Höhen nachsteuert und in Ausübung der heiligen Herrschaft durch Petrus das Werk Christi auf Erden vorantreibt, wird im evangelischen Glauben die wandernde Gemeinde, die dem Lamme und sonst niemand nachfolgt, deren Lebensgesetz nicht Herrschaft, sondern Dienst ist, nicht Triumph, sondern Leiden, nicht Werk, sondern Glauben. Als Gemeinde des Gekreuzigten trägt sie Kreuz, als Gemeinde der Erkauften rühmt sie sein Blut, als Gemeinde der Versöhnten *verkündigt* sie die *Versöhnung* durch sein Opfer. Das Amt der Verkündigung ist ihr Amt. Sie hat *keine Priester* und Mittler, weil Jesus sie als ihr Hoherpriester vor Gott vertritt, alle ihre Glieder Priester sind, – *keine Opfer*, weil Jesus ein für alle Male sein Leben für sie zum Opfer gebracht hat, – *kein geographisches Zentrum*,

weil Jesus, ihr Zentrum, an allen Orten in der Gemeinde gegenwärtig ist in seinem Geist, – *kein menschliches* Haupt, weil Jesus ihr Haupt ist, – nicht in Jerusalem oder Rom, sondern im Geist und Wahrheit angebetet wird. Sie ist sein Leib *in Armut und Schwachheit,* weil ihre Herrlichkeit verborgen ist in Gott, und erst wenn er kommt, mit ihm offenbar wird. In IHM hat sie ihre Einheit, *im* Glauben, nicht im Schauen.

Das unbiblische Verständnis der Erlösung, ja Jesu, Gottes, des Glaubens und der Heiligung, drang in die Kirche ein in dem Maße, wie das Lehramt sich der Offenbarung bemächtigte und ihre Abgeschlossenheit im Wort durch die Tradition auflöste.

Der Weg der geographisch zentralisierten Papst- und Gesetzeskirche ist Rückfall in den Alten Bund und, nach Aufrichtung des Neuen, Rebellion, die Christus noch einmal ans Kreuz schlägt. Der Weg der Verfügung über Gottes Werk und Einschaltung von Mittlern ist Rückfall ins Heidentum. Nachdem Christus die Versöhnung vollbracht hat und Gott in ihm offenbar geworden ist, ist das Mißachtung seines Opfers und Gottes selber. Beides – Rückfall ins Judentum wie ins Heidentum – ist *nach* Christus Eintritt ins Antichristentum.

Ich empfehle vier Lutherschriften: 1. »Von der babylonischen Gefangenschaft der Kirche« 1520. – 2. »Wider den falsch genannten geistlichen Stand des Papstes und der Bischöfe« 1522. – 3. »Von den Konziliis und Kirchen« 1539. – 4. »Wider das Papsttum zu Rom vom Teufel gestiftet« 1545. – Ist das Grobianismus, der uns hier begegnet oder ist es Prophetie? Sie entlarvt und trifft mit Hammerschlägen eine tausendköpfige Riesenhydra heidnischen, religiösen und nach Christus antichristlich gewordenen Denkens und Ringens um die Bemächtigung

Gottes, vom Aufruf der Schlange, nach der Erkenntnis Gottes zu greifen, bis zum Aufstand des Drachen, der nach dem Sohn Gottes greift, Sterne vom Himmel reißt, getarnt als Kirche des Lammes den Krieg gegen die Gemeinde des Lammes führt. Diese Hammerschläge treffen Papst und Priester, katholischen Amts- und Sakramentsbegriff, Marien- und Heiligenanbetung, Heilswege und Heilsveranstaltungen, Gotteserkenntnis und Erlösungsauffassung – die ganze faszinierende Fassade der Kirche in Macht und Herrlichkeit. – Aber diese Hammerschläge könnten auch uns treffen. Auch unsere Kirche ist vom Drachen umworben. Wo könnte er nicht auch bei uns eingedrungen sein? – Der Herr Jesus erhalte uns wachend!

Die Reformatoren lehnten die Bundesgenossenschaft von Bewegungen, die von einem anderen Ausgangspunkt herkamen, ab und nahmen *allein* aus *dem Glauben* ans Evangelium, in dem Gott seine Gerechtigkeit enthüllt, ihre Kraft zum Angriff auf den Drachen (Röm. 1, 16. 17). Zum Beschluß seien hier ohne Kommentar einige Bibelworte dem Leser zum Bedenken mitgegeben.

Schon das Alte Testament bezeugt von Gott, dem Vater Jesu Christi, von seiner Heiligkeit, seiner Unentrinnbarkeit, seinem Ausschließlichkeitsanspruch und der Allgenugsamkeit seines Erlösungswerkes:

»Ich bin der Herr und keiner mehr« (Jes. 45, 6). »Du sollst keine andern Götter haben neben mir« (2. Mose 20, 3). »Ich, ich tilge deine Sünden um meinetwillen« (Jes. 43, 25). »Die Strafe liegt auf ihm, auf daß wir Frieden hätten« (Jes. 53, 5). »Wenn ich nur dich habe, so frage ich nichts nach Himmel und Erde« (Ps. 73, 25. 26).

Und das Neue Testament entfaltet die volle und abschließende Erfüllung in Christus:

»Ich und der Vater sind eins« (Joh. 10, 30). »Wer mein Wort hört und glaubt . . . kommt nicht mehr in das Gericht« (Kol. 5, 24). »Ich heilige mich selbst für sie, daß auch sie geheiligt seien« (Joh. 17, 19). »Wisset, daß ihr nicht mit vergänglichem Silber oder Gold erlöst seid . . ., sondern mit dem teuren Blut Christi« (1. Petr. 1, 18. 19). »Ich schäme mich des Evangeliums von Christus nicht, denn es ist eine Kraft Gottes, die da rettet alle, die daran glauben« (Röm. 1, 16. 17). »So halten wir nun dafür, daß der Mensch gerecht werde ohne des Gesetzes Werke allein durch den Glauben« (Röm. 3, 28). »Ich bin gewiß, daß weder Tod noch Leben, weder Engel noch Fürstentümer . . . noch keine andere Kreatur mag uns scheiden von der Liebe Gottes, die in Christus Jesus ist, unserm Herrn« (Röm. 8, 38. 39).

In der Aussprache, in deren Verlauf der Vorsitzende der Bekenntnisbewegung die Schlußfolgerungen aus den angestellten Überlegungen zusammenfaßte, gelangten wir zu folgenden Ergebnissen:

1. Die Gemeinschaft zwischen wiedergeborenen Christen innerhalb der evangelischen und der katholischen Kirche ist am Kreuze Jesu Christi hergestellt. Sie darf und soll in Dankbarkeit festgehalten und gepflegt werden.

2. Gemeinsame Verkündigung und gemeinsames Handeln in Glaubensfragen mit der katholischen Kirche und ihren offiziellen Vertretern ist für unsere evangelische Kirche unmöglich, da die Lehre jener Kirche mit der Heiligen Schrift nicht vereinbar ist.

3. In Dingen des öffentlichen Lebens, zum Beispiel in Vertretung der Grundsätze der Moral oder der rechtlichen Stellung der Kirchen dem Staat gegenüber ist gemeinsames Handeln möglich.

4. Aber auch bei diesem Handeln dem Staat gegenüber ist darauf zu achten, ob es im Geiste Jesu geschieht und daß wir den »Weg des Lammes« nicht verlassen, das heißt auf dem Wege dessen bleiben, der die Macht und ihre Mittel ablehnte und statt dessen das Kreuz wählte.

Buchhinweise

I. Quellen zur katholischen Lehre:

1. K. Rahner, H. Vorgrimmler: »Kleines Konzilskompendium, sämtliche Texte des 2. Vaticanums« (Herderbücherei Bd. 270, 7. Aufl. 1971). – 2. *Neuner-Roos:* »Der Glaube der Kirche in den Urkunden der Lehrverkündigung« (neu bearbeitet von K. Rahner, K. H. Weger, 8. Aufl. 1971). – 3. *Großer Katholischer Katechismus für die Diözese Hildesheim* (2. Aufl. 1949). – 4. *Katholischer Katechismus der Bistümer Deutschlands* (Bonifacius-Druckerei, Paderborn 1966).

Quellen zur evangelischen Lehre:

1. *J. T. Müller:* »Die symbolischen Bücher der evang.-luth. Kirche« deutsch und lateinisch (besonders Augustana Apologie, Schmalkaldische Artikel, Großer und Kleiner Katechismus, 12. Aufl. 1928). – 2. *J. Calvin:* »Institutio« (1559, übersetzt von O. Weber 1955). – 3. *Heidelberger Katechismus.*

Quellen zur Vereinigungsbestrebung:

1. *J. Feiner und L. Vischer:* »Neues Glaubensbuch, der gemeinsame christliche Glaube« unter Mitarbeit von 36 evangelischen-katholischen Theologen (Herder Verlag, 7. Aufl. 1973). – 2. *Fr. Wilh. Bautz:* »Für Dich – für Heute« ein Wort der Heiligen Schrift als Geleit für den Tag, zusammengestellt aus Andachten von 170 evangelischen-katholischen Christen (Franz, Metzingen und Pustet, Regensburg, 2. Aufl. 1970). – 3. *Bausteine für die Einheit der Christen:* – Arbeitsblätter des Bundes für evangelisch-katholische Wiedervereinigung, verantwortlich Peter Noeske, 6411 Dalherda, Druck Parceller, Fulda. – 4. *»Una Sancta«* Rundbriefe für interkonfessionelle Begegnung (herausgegeben von Pater Dr. Thomas Sartory, Benedictiner Abtei Niederaltaich). – 5. *Bischof H. Tenhumberg und Präses H. Thimme:* »Wege der Kirchen zueinander«, (1973) eine Denkschrift der evangelisch-katholischen Kirchenführer Westfalens, erschienen in »Materialien für den Dienst in der Evangelischen Kirche von Westfalen«, Reihe C Heft 2.

II. Theologische Einzelwerke, Schriften und Aufsätze:

von katholischer Seite: 1. *Joseph Lortz:* »Die Reformation in Deutschland« I. und II., 3. Aufl. 1948. – 2. derselbe: »Thesen zur Handreichung b. Ök. Gespräch«, 3. Aufl. 1943. – 3. *Papst Paul VI.*: »Christus und der Mensch von heute« (Goldmanns Gelbe Taschenbücherei Bd. 2414/15, – 1968). – 4. *Jean Guitton:* »Dialog mit Paul VI.« (Fischerbücherei 1967). – 5. *Joseph Dreissen:* »Um die Kirche der Zukunft« – »Meditationen und Gebete zur Synode 72« (1. Aufl. 1970 hggb. im Auftrag der Arbeitsgemeinschaft Marianischer Vereinigungen für Deutschland [AMV]). – 6. *Hans Küng:* »Unfehlbarkeit?« (1970). – 7. *Karl Adam:* »Das Wesen des Katholizismus« (1924, 12. Aufl. 1949).

von evangelischer Seite: 1. *Karl Heim:* »Das Wesen des evangelischen Christentums« (1925). – 2. *Fritz Viering:* »Die Begegnung der Konfessionen in der Gegenwart« (im gleichnamigen Heft S. 1–17 1948). – 3. *Heinrich Bornkamm:* »Luther zwischen den Konfessionen«, 400 Jahre katholische Lutherforschung, (Festschrift für G. Ritter S. 210–31 – 1950). – 4. *Walter Theodor Cleve:* »Evangelisch und katholisch – die wesentliche Unterscheidung zwischen römischem Katholizismus und evangelischem Christentum« (Luther Verlag, Witten, 1958). – 5. *F. Viering:* »Christus und die Kirche in römisch-katholischer Sicht« (1962). – 6. *K. D. Schmidt:* »Lutherische und katholische Rechtfertigungslehre« (1946). – 7. *R. Frick:* »Rechtfertigungslehre auf dem Tridentinum und bei Luther« (1948) in »die Begegnung der Konfessionen der Gegenwart«.

III. Zum Zweiten Vatikanischen Konzil:
1. *Edmund Schlinck:* »Das Ergebnis des konziliaren Ringens um den Ökumenismus der Römischen Kirche« (in »Kerygma und Dogma« 3. Quartalheft 1965, S. 177 ff.). – 2. *Matthäus Ziegler:* »Das römische Verständnis des Ökumenismus . . .« (a. a. O. S. 195 ff.) – 3. *Wolfgang* Dietzfelbinger: »Grenzen der Kirche nach der dogmatischen Konstitution ›De Ecclesia‹« (a. a. O. S. 165 ff.). – 4. *Nicos A. Nissiotis:* »Ökumenische Bewegung und zweites vatikanisches Konzil« (a. a. O. S. 208 ff.).

IV. Zur seelsorgerlichen Aufklärung der Gemeinde:
1. *W. Th. Cleve:* »Die *eine* Kirche Jesu Christi in der Not verwirrenden Zwielichtes« (1964) Flugblatt mit Anhang *»Offener Brief* an die verantwortlichen Persönlichkeiten der römisch-katholischen Kirche« von den Tagungen ehemaliger römischer Priester aus aller Welt . . . Juni 1963. – 2. *W. Th. Cleve:* »Der Skandal des Mischehenrechtes« (Flugblatt). – 3. derselbe: »Weggeleit in die evangelische Kirche« (43 Seiten, 6. Aufl. 1963). – 4. *Jakob Schmitt:* »Muß es noch deutlicher gesagt werden? Ökumene – Papst Paul VI. – Evangelische Kirche« in »Der feste Grund« Nr. 11, S. 6–13 – 1968. – 5. *Theophil Rehse:* »Ökumene auf dem Wege zur Weltkirche« (1970, 3. Aufl. 1971). – 6. *Sven Findeisen, Fritz Hubmer, Wilh. Jung, August Spreen, Erhard Störmer, Hellmuth Frey:* »Zusammenschluß der Kirchen?« (TELOS-Verlage, 1. Aufl. 1972, 2. Aufl. 1973). – 7. *Julius Roessle:* »Unsre Stellung zur katholischen Kirche«, Sonderdruck aus »Der feste Grund« (1973). – 8. *A. Omenzetter:* »Alarm um die evangelische Gemeinde der Reformation« (30.–32. Tausend 1972) – 9. *Westfälischer Gemeinschaftsverband, Vorsitzender A. Spreen:* »Stellungnahme des Vorstandes und des Bruderrates des Westfälischen Gemeinschaftsverbandes vom 5. Mai 1973 zum Wort des römisch-katholischen Bischofs Heinrich Tenhumberg und des evangelischen Präses H. Thimme an die kirchliche Öffentlichkeit vom 5. März 1973 »Wege der Kirchen zueinander« (Vervielfältigt). – 10. *H. Jochums* »Das Ende des Protestantismus«, 140. Tausend 1973. – 11. Derselbe »Unsere Stellung

zur römischen Kirche« in Der feste Grund, Heft 5 (1974). F. W. Ringsdorff »Ökumene – Wege der Kirchen zueinander« in Durchblick und Dienst 1974 I ff.

V. Einige Schriften des jungen, reifen und alten Luther zur Romfrage:

1. »Von der babylonischen Gefangenschaft der Kirche« (1520).
2. »Wider den falschgenannten Stand des Papstes und der Bischöfe« (1522).
3. »Von den Konziliis und Kirchen« (1539).
4. »Wider das Papsttum zu Rom vom Teufel gestiftet« (1545).

VI. Neben den bekannten Kirchengeschichten und Dogmengeschichten zum Beispiel von *Friedrich Loofs* und von *Alfred Adam* I. und II. empfehle ich noch besonders zu unserer Frage:
Joseph Chambon: »Der französische Protestantismus« (3. Aufl. 1938, Kaiser-Verlag).